PHILOSOPHIE

DE LA

FORTIFICATION.

PHILOSOPHIE

DE LA

FORTIFICATION,

RELATIVEMENT

AUX PLACES FORTES DU ROYAUME

ET

AU SYSTÈME DE L'ÉCOLE FRANÇAISE.

Par M. DELAAGE,

LIEUTENANT-COLONEL AU CORPS ROYAL DU GÉNIE EN RETRAITE, CHEVALIER
DE L'ORDRE ROYAL ET MILITAIRE DE SAINT-LOUIS, OFFICIER
DE L'ORDRE ROYAL DE LA LÉGION D'HONNEUR.

LA ROCHELLE,

IMPRIMERIE DE G. MARESCHAL,
IMPRIMEUR DE LA PRÉFECTURE.

1839.

PRÉFACE.

Les époques ont leurs nécessités pour les besoins militaires comme pour les besoins civils et administratifs des États. Il faut savoir les constater et les accepter, et surtout en déduire les dispositions qui peuvent en favoriser le déploiement dans des conditions qui soient utiles et avantageuses aux peuples et au Gouvernement. La fin du xviiie siècle et le commencement du xixe ont été, pour la Nation

Française, remarquables par des faits immenses de guerre qui ont fini cependant par s'évanouir dans l'emploi démesuré de ses forces, et elle a subi les deux invasions de 1814 et 1815, après avoir caserné sa puissance pendant vingt ans dans presque toutes les capitales de l'Europe.

Ces faits, qui ne laisseront dans l'histoire que de belles pages de gloire pour les nations qui ont été engagées dans ces luttes gigantesques, ont été produits par la révélation d'une nouvelle tactique de la guerre de campagne qui sut agrandir les facultés physiques et morales du soldat en les empruntant au caractère national de l'époque.

Le caractère national des peuples a son origine dans ce qu'on peut appeler leur race, qui est spéciale au climat qu'ils habitent, et à l'état social qui les gouverne. Il fonctionne dans son état normal et naturel, tant que l'administration pourvoit sans secousse aux besoins de la société ; mais, s'il est froissé dans ses habitudes et ses sentimens, ou s'il surgit quelque idée nouvelle qui sache se donner la mode et la vogue, il produit, dans l'ordre social, des explosions plus ou moins fortes, et qui sont ascensionnelles jusqu'à ce qu'elles s'usent dans l'abus, ou qu'elles soient remplacées par d'autres.

C'est ainsi que la nation française, lancée ou entraînée dans la terrible secousse des idées de 1789, ayant été mise au ban des nations voisines qui en craignaient la propagande pour leurs sujets, trouva dans le caractère national outragé une énergie guerrière, dont ses généraux improvisés surent faire la base d'une nouvelle tactique de la guerre de campagne et de bataille, à laquelle rien ne sut résister. L'Empereur, qui fut le grand maître de cette école, sous le rapport de l'exécution , comme sous celui de l'organisation , mettait au rang des premiers besoins l'indispensable emploi des fortifications , pour assurer ses conquêtes , comme pour couvrir les frontières de la patrie ; mais ses leçons de stratégie de campagne avaient appris à ne pas prendre souci des places fortes qui ne se trouvaient pas sur la ligne du but de l'irruption ; on évitait le passage dans la sphère d'activité des places fortes , ou on se contentait de masquer celles qui se trouvaient voisines des lignes d'opérations , quand on avait espoir de parvenir à un grand résultat de bataille ou de conquête, et l'on ne faisait de sièges que lorsqu'il s'agissait d'asseoir la conquête ou l'occupation du pays , ou de se faire un point d'appui en cas de revers et de retraite. Le problême des plans de campagne était d'arriver le plus promptement possible à des batailles ou événemens décisifs pour la fin de la guerre ; et on y parvenait presque toujours , soit en détruisant l'armée ennemie dans quelques grandes batailles rangées , soit en envahissant les capitales des nations parce qu'alors le pouvoir et l'administration tombaient dans la désorganisation et l'impuissance , par la démoralisation de l'opinion publique des peuples subjugués.

Les places fortes qui avaient été créées dans le but et la conviction qu'elles épargneraient au pays les désastres de l'invasion de la conquête, et des traités qui en étaient la conséquence, se trouvèrent pour les besoins et par les idées de l'époque, n'être que des cadavres nuls et inutiles. S'en suit-il qu'on doive renoncer aux fortifications? Non , ce serait une erreur funeste ; elles ont subi les résultats d'un ouragan qu'on peut appeler révolutionnaire par les effets imprévus et incommensurables des idées et du caractère national de l'époque. Elles se trouvèrent déshéritées de leur part de puissance dans les crises et les traités , par leur absence calculée des lignes d'opérations , et sur les résultats des plans de campagne ; c'est une faute qu'on ne peut leur imputer , puisqu'elles ne sont pas transportables , et qu'au contraire les armées et la base de la nouvelle stratégie sont dans le domaine de la mobilité des dispositions stratégiques ; mais on peut bien en conclure que les places fortes , toutes essentielles et indispensables qu'elles sont en principe , ne satisfont plus aux besoins de l'époque , ni dans leur système propre, ni dans les lois de la nouvelle stratégie.

La recherche et la solution de ce grand problême a été l'étude de presque toute ma vie militaire , et c'est à l'école des sièges et campagnes que j'ai faits , que j'ai puisé mes convictions. Les événemens de 1814 et de 1815 vinrent révéler l'importance et la justesse des idées dont j'étais à la recherche depuis plus de dix ans, et il est certain que si l'Empereur eût pu deviner ou pressentir les résultats de cette époque, il les eût évités en organisant Paris pour sa réserve, non par des fortifications improvisées et insignifiantes en dehors de l'enceinte, mais par des foyers de puissance au milieu même de la population de la capitale, afin d'y dominer et disposer, d'une part, des moyens immenses qu'elle possède ou qu'elle peut créer, et comprimer, de l'autre, les conspirations ou les défections qui sont la plaie de notre époque.

C'est sous l'influence de ces considérations que je portai, en Juin 1826, à la tribune législative, la question de nécessité d'entrer dans de nouvelles voies sur la défense du royaume et sur le système en usage de l'école des fortifications. Ma proposition fut goûtée par un grand nombre de membres de la Chambre et

de notabilités politiques ou militaires ;
j'en ai les témoignages les plus formels
dans mes papiers ; mais elles ne furent
pas publiquement avouées, parce qu'on
était dès lors sous le cauchemar des opinions opposées, qui redoutaient, les unes
le despotisme combiné du Gouvernement
et de la fortification ; les autres, le sou-
lèvement de la désaffection des Parisiens,
par la peur d'être victimes inévitables,
quoique non méritées, des foudres de
ces places, c'est-à-dire que les uns ne
voulaient pas laisser occuper le champ de
bataille, et que les autres craignaient pour
leurs hôtels plus le remède que le mal.

Enfin cependant les nécessités de notre
époque se trouvèrent tellement prononcées depuis, que la question de fortifier
Paris a été solennellement avouée et est
en voie d'exécution. Mais le système soit
des forts détachés, soit de l'enceinte
continue, est, à mon sens, absurde,

sous le double rapport de la puissance et des dépenses. Les forts détachés , comme l'enceinte continue, coûteront six fois les trois hexagones intérieurs que j'indique . et seront déshonorés au jour du besoin , par leur nullité ou leur défection. Ils n'auront, ni l'un ni l'autre, aucune action sur la masse du centre qui leur fera la loi par un ordre du jour qui s'intitulera gouvernemental. 1814 . 1815 et 1830 sont là pour le prouver; qui commande dans Paris pendant vingt-quatre heures . se fait obéir dans toute la France : ainsi pour parler nettement et consciencieusement , c'est dans l'intérieur de Paris et non à l'extérieur qu'il faut organiser la réserve de la puissance par les fortifications. Sans doute il faut des places à l'extérieur, j'en ai proposé trois , mais dans l'état actuel des nécessités de l'époque , elles deviennent le complément plustôt que la question principale du problème.

La deuxième partie de la brochure
que je livre à l'impression, est le pros-
pectus et l'analyse philosophique d'un
ouvrage complet sur la fortification en
général; ouvrage que j'ai présenté en 1827
au ministre de la guerre, et dont l'examen
fut remis à une commission spéciale dont
la création et la composition étaient un
très-honorable encouragement pour moi.

Mais soit que je n'eusse pas le bonheur
d'y être bien compris, soit que la commission n'ait pas osé accepter le patro-
nage des réformes et nouvelles doctrines
que je proclamais, une discussion de quatre
mois, pendant lesquels elle n'avait examiné
que la première partie élémentaire de
mon ouvrage, ne produisit aucune opinion
officielle sur mon travail. Des amis me
conseillèrent alors d'engager la controverse dans les journaux, et je la com-
mençai dans le n° du 15 octobre 1829
du *Spectateur militaire*, par l'insertion

de la première partie de l'ouvrage que je
remets de nouveau en circulation. J'es-
pérais que, dans les numéros suivans, on
continuerait la publication de ma Philosophie de la fortification; mais, à mon grand
étonnement, elle me fut refusée, par le
motif, sans doute, que les doctrines que
j'énonçais menaient à une réforme de
système que ne voulaient pas certains
membres du comité de direction de ce
journal. J'appelle encore de cette opinion
d'alors à celle d'aujourd'hui, et je crois
que c'est encore une des nécessités de
l'époque qu'il faut admettre dans les besoins du caractère national et militaire
d'aujourd'hui.

Le livre que je publie contient deux
questions ou problèmes distincts ; celle
de théorie sur la fortification en général ;
et celle du système de la défense du
royaume par les places de guerre : l'une
et l'autre sont aujourd'hui indispensables

aux besoins du soldat d'une part , et de l'État de l'autre.

Les fortifications de Paris sont la clef des combinaisons qui dominent tous les événemens de guerre extérieure ou intérieure ; elle est de plus une question d'ordre social, car sans se faire des illusions en peur ou en sécurité, il faut considérer la marche et l'avenir des idées qui dominent ou du moins qui menacent l'ordre social d'aujourd'hui, et il faut reconnaître que les passions républicaines du commencement de la révolution , enrayées par l'Empire au char de l'orgueil national par l'éclat de sa domination européenne, imposent depuis 1814 leurs prétentions, tantôt sourdes , tantôt audacieuses, à s'emparer du gouvernement. 1830 leur a donné une victoire que je ne crains pas d'appeler néfaste , parce qu'elle a détruit et reformé le pouvoir et le gouvernement par les armes, et il n'a pas moins fallu que le courage des amis de l'ordre dans les luttes civiles annuelles, pour maintenir le gouvernement qui a succédé à celui de la Restauration.

Ce gouvernement, il faut en convenir, fait ce qu'il peut, et plus, pour maintenir l'ordre social et les institutions qui ont présidé à son origine, mais les ambitions déçues, comme celles qui naissent, lui font une guerre ouverte au nom d'une prétendue liberté qu'ils affichent au soi-disant profit des masses, et qui n'est que le masque de la soif du pouvoir et des richesses. En gens habiles, leur champ de bataille est la capitale, c'est-à-dire Paris, parce que c'est là qu'ils trouvent les moyens d'organisation et d'exécution qui ne peuvent s'accomplir que dans le dédale impénétrable des grandes masses populeuses, et dans l'instantanéité de la prise de possession du pouvoir. Ainsi donc, dans l'intérêt de l'ordre social, dans l'intérêt des Parisiens eux-mêmes, dans l'intérêt de toute la France et du gouvernement qu'elle s'est donné, c'est dans l'exécution des trois hexagones que j'ai proposés sur Chaillot, Montmartre et le jardin des Plantes, qu'on trouvera la seule solution certaine du problême et la consolidation du bonheur de la France.

Après avoir dit sans arrière-pensée, à présent comme toujours, mon opinion sur les hommes et sur les choses, je terminerai en déclarant que c'est sans passion et sans haine que je les exprime ; j'ai dû employer le langage le plus clair et le plus logique possible pour expliquer mes convictions, mais mes vœux sont pour le bonheur de ma patrie, et il ne peut s'affermir que par un respect sincère pour le roi et les institutions qui nous régissent. Toute secousse compromettrait l'ordre social, et bien aveugles sont ceux qui croient améliorer la condition des masses, en les appelant au partage des richesses et du pouvoir par la révolte et les révolutions. Il n'en résulterait que déception, anarchie et misère, parce que la fortune nationale, quoique personnelle, qui pourvoit au travail et au besoin de toutes les industries dans lesquelles les superfluités occupent la plus grande proportion, s'échapperait en fumée, dès le jour où ces superfluités seraient insatisfaisables par le manque de valeurs, de crédit, et l'emploi gaspillé du temps qui se consumerait à produire en petit, pour chacun, les premiers et les plus pressans besoins de la vie : ce ne serait qu'une crise transitoire générale, dont le mot-d'ordre serait pour les meneurs : Ote-toi de là que je m'y mette ; et pour les masses : Tu recevras selon ta condition ; mais à la suite de laquelle il faudrait un siècle, peut-être, pour refaire les élémens de la société et de la fortune publique.

INTRODUCTION.

La Philosophie de la fortification est une étude qui manque à l'école du métier des armes; distincte, pour ne pas dire étrangère à la science des constructions, elle consiste à analyser et à combiner les résultats de la valeur des systèmes en usage par celle des facultés physiques et morales du soldat de l'époque. Elle est donc essentiellement du domaine des hautes capacités de l'état militaire et du gouvernement. Elle seule conduit à la découverte et à l'appréciation réelle des moyens par lesquels on peut rendre à la fortification la puissance d'opinion et de fait qu'elle a exercée sur les peuples anciens.

L'étude de la fortification a toujours été tellement sèche et spéciale aux constructions qui n'intéressent que les ingénieurs, que la généralité des militaires n'en apprend que la nomenclature et le catéchisme donné de son emploi, sans en avoir jamais cherché les sympathies et les antipathies pour les facultés du soldat. La Philosophie de la fortification a donc pour but de chercher, pour ainsi dire, des organes de vie dans des masses inanimées, par des formes et des combinaisons qu'il faut rendre dociles aux besoins, et je dirai même aux caprices du caractère national du soldat. La prétention des systèmes en usage, est de vouer le soldat au despotisme de la fortification, qui est exigeante et difficile dès les premiers jours de la défense, et qui manque à son mandat lorsque serrée de près par les couronnemens et les batteries de brèche, elle n'est plus qu'un coprs mort interposé que les défenseurs ne peuvent déplacer ou franchir pour leur salut.

C'est donc au contraire au soldat qu'il faut rajuster la fortification pour lui réserver le libre emploi de ses manœuvres et de sa puissance jusqu'aux dernières périodes de la défense dont le terme peut se prolonger jusque dans les décombres des ouvrages.

Tel est le but du problème dont j'ai cherché à esquisser les traits dans ce travail, que j'ai divisé en deux parties dans l'ordre rationnel que je viens d'indiquer.

La première partie qui présente le tableau des moyens militaires de la France, combinés avec le système actuel de l'assiette de nos places fortes, nous conduit à la nécessité de fortifier Paris comme complément indispensable à toutes les autres combinaisons du système général de la défense du royaume. La seconde, qui présente l'analyse des facultés et du caractère national du soldat, nous conduit à celle de changer le système actuel de l'école de la fortification, sous peine de rester dans l'impuissance et la déception au jour des épreuves.

Les trois conditions essentielles et principales que me suis imposées dans la recherche du problême, ont été :

1° Le développement de la puissance par la confiance du soldat dans les moyens et la protection de la fortification ;

2° L'économie dans les nouvelles constructions de places à faire et qui serait de plus de trente pour cent sur le prix de l'ancien système en usage ;

3° Enfin la condition de rendre la défense plus facile, plus longue, plus énergique et moins meurtrière pour la place, en isolant les foyers de la défense, de la masse centrale où elle doit avoir, ainsi que la bourgeoisie, sécurité complète, pour réparer et entretenir la santé physique et morale de la position.

LIVRE PREMIER.

RÉFLEXIONS

SUR

LE SYSTÈME ACTUEL DE LA DÉFENSE DU ROYAUME,

PAR LES PLACES FORTES,

ET

EXPOSÉ SOMMAIRE DES IDÉES AUXQUELLES IL CONVIENDRAIT
D'EN RATTACHER LES DISPOSITIONS. *

CHAPITRE PREMIER.

Les propositions du Gouvernement et les
discussions qui se renouvellent annuellement
aux tribunes législatives, à l'occasion du

* Opinion émise à la tribune législative par l'auteur, dans la
séance du 6 Juin 1826.

budget de la guerre, démontrent, d'une part,
l'importance qu'on attache aux places fortes,
pour la défense du royaume; et de l'autre,
le système par lequel on prétend parvenir à
l'accomplissement des projets arrêtés. Il est
aisé de voir que le Gouvernement et beaucoup de militaires placent la solution du
problème dans la restauration de nos vieilles
places à la frontière, et dans la création de
quelques nouveaux foyers de défense sur certains points où ils ont manqué à nos armées
dans les dernières campagnes en France.

Deux considérations capitales dominent
cette question. La première est l'aveu public
de nos besoins pour la défense du royaume;
la seconde est l'appréciation ou la détermi-
nation des moyens. C'est là où est la difficulté,
et, pour le dire sans détour, le système dans
lequel on raisonne est à mon avis désastreux,
parce qu'il ne produit que l'impuissance
dans la défense; il ruine les finances par
l'immensité des besoins, et il épuise l'armée
sur laquelle il faut prélever la masse des
garnisons : c'est en totalité une véritable
déception pour l'Etat.

Il est peut-être téméraire de débuter par
une sentence aussi sévère sur des dispositions
qui commandent nos respects, soit sous le
rapport de la confiance dont il faut doter notre
système défensif, pour ne pas en compromettre la réputation ; soit par la qualité des
hauts personnages qui en ont conseillé l'exécution, et dont le jugement a pu être dicté
ou entraîné par l'immensité déjà existante de
l'édifice. Mais cependant, il faut bien finir
par signaler les dangers vers lesquels nous
nous précipitons ; et c'est à ce titre que je
demande la permission d'en aborder la discussion avec toute la liberté d'opinion sans
laquelle il serait impossible de la traiter.

Le complément de la force des états par
les places de guerre est une combinaison qui
a pour but d'économiser sur le nombre ou
l'effectif personnel de l'armée ; ou bien de
compléter ce qui manque en hommes pour
parvenir à l'équilibre ou au degré de puissance que l'Etat veut obtenir relativement
à ses voisins ou à ses rivaux ; dans tous les
cas elles ont pour but de créer des foyers

d'existence et des points de sûreté, au moins momentanément indépendans des révolutions ou des revers que l'armée peut essuyer en campagne. Sous tous ces rapports, les fortifications sont une partie essentiellement obligée de tout système de défense bien entendu. Mais pour bénéficier à l'Etat sans lui être onéreux, il faut en déterminer le nombre et les capacités dans les proportions de la population, et dans les doctrines bien entendues du génie de la guerre et de la nation; autrement on se crée des établissemens qui absorbent, au grand dommage de l'Etat, les forces actives de l'armée, et, pour complément de malheur, des foyers d'impuissance et de déception.

La solution de ce grand problème ne peut se trouver que dans la combinaison de la haute stratégie défensive, enracinée dans l'esprit et les mœurs de la nation qu'il faut savoir lui associer; et dans la réduction, au plus petit nombre possible, des foyers fortifiés, pour économiser sur celui des troupes qui lui sont nécessaires, afin d'altérer, le moins possible, la puissance des masses qui peuvent et doivent tenir la campagne. Elles ont du reste certaines conditions spéciales à remplir qui influent sur le choix de leur position et de leur assiette. Les unes, celles qui sont offensives, ne sauraient être trop près de la frontière, puisqu'elles doivent y posséder les moyens et les besoins de l'armée sur la ligne où elle doit débuter, et lui servir d'appui pendant son rassemblement, comme aussi pour ses premiers travaux. Les autres, celles qui sont spécialement défensives, doivent au contraire être assez loin de la frontière pour avoir le temps de retirer ce qui échappe dans la débacle, afin de se trouver encore en bon état de contenance, quand l'ennemi y arrive fatigué de ses efforts.

Nous allons voir, dans le chapitre suivant, si le système adopté pour la défense du royaume pourvoit aux besoins et aux principes que nous signalons.

CHAPITRE 2.

—

La France qui, pendant la guerre de la
révolution, a donné des exemples si sanglans
de la puissance de ses armes, a plus besoin
qu'aucun autre état, de l'emploi combiné
des troupes et des places. Sa position, ses
mœurs, ses richesses porteront toujours
envie ou ombrage à ses voisins. Quelque
populeuse qu'elle soit, relativement à sa superficie, elle ne peut cependant prétendre à
l'emporter toujours par le nombre sur la coalition de ses voisins; d'ailleurs si, d'un côté,
la science de la guerre est à-peu-près également répartie dans l'Europe; d'un autre côté,
nos mœurs seraient rebelles à des sacrifices
grands et prolongés. Il a fallu l'anarchie de la
révolution pour jeter presque toute la population dans les camps, où elle a lavé dans

la gloire des conquêtes, les crimes politiques dont elle ne fut jamais la complice. Les mêmes causes ne se reproduiront plus, et l'on ne pourrait réunir désormais un aussi grand nombre d'hommes sous les drapeaux.

Notre état militaire ne peut, dans les guerres les plus fortes que nous ayons à soutenir, s'élever à plus de quatre à cinq cent mille hommes, ce qui ne donnerait guère que quatre cent mille combattans. C'est avec ce nombre, déjà beaucoup plus grand que celui de nos armées antérieures à la Révolution, et cependant plutôt faible que fort, d'après l'effectif actuel des armées des différens états de l'Europe, qu'il faut satisfaire à nos besoins. Les fortifications doivent suppléer à ce qui peut nous manquer en hommes; mais pour qu'elles soient utiles sans nous être onéreuses dans les temps critiques, il ne faudrait pas qu'elles exigeassent pour leur vitalité et leur puissance, plus du cinquième de cet effectif. Le nombre de nos places actuelles qui en absorbe trois fois autant, énerve l'armée sans lui rendre des renforts dont elle aurait tant de besoin ; si après des revers qui amènent toujours des pertes considérables, elle était refoulée dans l'intérieur, et loin de places frontières avec lesquelles elle aurait perdu ses communications. Dans cette hypothèse d'ailleurs, les garnisons se réservent isolément pour les besoins éventuels de leurs localités, dont les dix-neuf vingtièmes sont cependant presque toujours neutres pendant la guerre.

C'est précisément des places fortes qu'on doit dire que la qualité en est bonne, mais que la quantité n'en vaut rien : car si elles procurent une existence indépendante des événemens, sur les points où elles sont établies, c'est avec des garnisons qu'on ne peut diminuer au profit de l'armée que lorsque la guerre est heureuse, et ce n'est pas l'hypothèse sous laquelle nous avons à traiter la question.

Après le prélèvement des garnisons obligées, que l'on compte ce qui reste pour tous les besoins mobiles dans l'intérieur ; qu'on en défalque la garde royale qui a un service

particulier et non moins important à remplir,
les dépôts des régimens, les infirmes, les
malades, les corps d'observation sur les frontières non attaquées mais menacées, les pertes
enfin, ou absens à quelque titre que ce soit,
et on se trouvera presque déconcerté de ce
qui reste pour l'effectif réel à opposer à une
armée qui menacerait d'invasion. Sans doute
que cette masse de défalcations se retrouverait
en partie pour former des réserves et remplacer des pertes; mais elles ne sont pas en
ligne sur le point et au moment où la bataille
tranche la question.

Ce tableau nous amène à une réflexion assez
singulière : c'est que l'armée qui est sur la
frontière à l'ouverture de la campagne, ne
représente jamais la force réelle de l'Etat, et
cependant c'est d'elle et de son premier choc
que dépend souvent le résultat de la guerre;
parce que le vainqueur se grossit de ses réserves, tandis que le vaincu au contraire, non
seulement ne remplace jamais tout ce qu'il
perd, mais se trouve souvent encore obligé

de se diviser pour faire tête sur les différens points qui lui donnent des inquiétudes. Combien alors n'a-t-on pas à regretter l'absence ou l'inaction de plus de cent mille hommes sur les deux cent vingt mille à-peu-près que l'on aurait disséminés dans les places actuelles. Et qu'on ne dise pas que ce tableau est forcé.

Si des opinions attelées à l'état actuel du système de nos places, repoussent cette évaluation en en retranchant d'abord les places qui ne sont pas sur la frontière du théâtre de la guerre, et ensuite en composant la grande masse des garnisons obligées, de troupes de nouvelles levées; je répondrai: 1° que les troupes de nouvelles levées sont comprises dans l'effectif du maximum de quatre cent mille hommes que nous pouvons avoir; 2" que la frontière qui nous sépare des états du continent d'Europe exige à elle seule la presque totalité du nombre que nous avons indiqué; 3° que les garnisons qui ne seraient que nombreuses, et qui seraient sans énergie, si leur masse se composait de nouvelles levées ou de gardes nationales en trop grande proportion, ne sont qu'une déception de plus, puisque, faute d'énergie, elles ne seraient que des lazarets consommateurs, d'aucun secours pour la patrie, et dont les dépôts d'armes et de munitions tomberaient à bon marché au pouvoir de l'ennemi. Ainsi quand les places existent, il faut les occuper avec des forces qui en imposent; et encore faut-il avouer que le poids de leur valeur, qui serait à-peu-près insignifiant si l'invasion imposait les conditions du traité, devient, lorsqu'elles tombent entre les mains de l'ennemi, une puissance qui les aggraverait énormément. Il est donc évident, d'une part, que nous avons trop de places, et de l'autre, que ce n'est pas en étant toutes sur la frontière, qu'elles peuvent remplir les devoirs qui leur sont assignés.

Aujourd'hui que les armées sont si nombreuses, les combats si sanglans et si multipliés, il n'est pas rare qu'une bataille perdue entraîne une perte de pays considérable. Les résultats sont proportionnés à l'échelle des

moyens. Vient ensuite la puissance de l'opinion, qui exalte le vainqueur et qui démo-
ralise le vaincu. La sphère de cette opinion
s'étend jusqu'à la distance où des réserves et
combinaisons nouvelles, préparées à l'avance,
marquent un temps de répit entre le souvenir
de la défaite et la soif de la vengeance, dont le
culte de la gloire autorise et purifie le sentiment.
Ainsi donc, une première bataille perdue sur
la frontière, fait une brèche qui peut ouvrir
l'Etat jusqu'au cœur; et nous avons deux exemples où nos places-fortes n'ont pas préservé la
France des chances de la guerre défensive. En
prononcera-t-on l'inutilité absolue de toutes
nos places? ce serait à mon avis une erreur
funeste : en conclura-t-on, au contraire, qu'il
n'y en aurait pas assez? Je crois, moi, qu'il
y en a trop; et mon opinion sur cette question, est basée sur ce que, aux deux époques
citées, elles absorbaient pour leurs garnisons
trois cent mille hommes, dont la moitié
seulement, si elle eût été réunie à l'armée
qui tenait la campagne, eût donné, sous les
murs de Paris, des résultats tout opposés à

ceux qui ont terminé la campagne et la guerre.
Nous n'avons pas à examiner ici si ces résultats furent selon les vœux des Français. La
question à résoudre est indépendante de celle
des affections. Et aujourd'hui tous les Français
doivent grouper leurs vœux sur la puissance
nécessaire à notre indépendance territoriale
comme au maintien des institutions que nous
devons à la sagesse libérale de nos rois.

Le grand problème de la défense du
royaume, en ce qui concerne les fortifications et les places, est, j'ose le dire, tout
entier à créer sur les bases nouvelles de l'art
actuel de la guerre : ce n'est pas en satis-
faisant aux besoins particuliers des localités
qu'on le résoudra ; ce système ne mènerait
qu'à l'impuissance par l'immensité des travaux, et à une dissémination de troupes qui
énerverait l'armée : il n'aboutirait donc qu'à
des déceptions quand bien même les finances
de l'Etat y pourraient suffire. C'est dans
l'examen et la comparaison de l'ancien et du
nouveau système de la guerre, qu'il faut placer

la question ; la traiter ensuite par abstrac-
tions, au lieu de l'étendre aux désirs partiels
des localités ; déterminer enfin si c'est à la
circonférence ou au foyer capital qu'il faut
rattacher l'énergie et le salut de l'Etat.

Avant la Révolution, les armées des différens états de l'Europe étaient, en général,
si peu nombreuses, comparativement à ce
qu'elles sont devenues ; les prétentions du
vainqueur étaient ordinairement si différentes
de ce qu'elles sont aujourd'hui ; les moyens
dont on pouvait disposer étaient si peu considérables et si difficiles à manier, par le
système d'ordre et de nécessités qu'elles traî-
naient à leur suite, qu'un plan de campagne
ou de défense n'embrassait qu'une assez
mince portion de la frontière. Une fois déterminé, le théâtre de la guerre sortait rare-
ment et difficilement du front que les armées
pouvaient occuper. La campagne se passait
en manœuvres qui amenaient une ou deux
batailles, après lesquelles le vaincu blotti
sous quelques places, ou retiré dans l'inté-

rieur du pays, y attendait ses renforts, sans être sérieusement inquiété par le vainqueur à qui il ne restait plus assez de puissance pour poursuivre ses succès au-delà des places fortes, dont les détachemens se trouvaient alors capables d'influer sur l'existence de ses lignes de convois. Dans l'impossibilité où était le vainqueur d'envahir le pays, il était réduit à marcher avec circonspection, et à éteindre autour de lui les foyers fortifiés dont il ne pouvait éviter l'action, en s'en éloignant au-delà de leur sphère d'activité, ou en la comprimant par une masse de puissance qui le rendît invulnérable ; dans cette hypothèse, il y avait des motifs justes et raisonnables pour placer l'opiniâtreté de la défense, et par conséquent les places fortes à la frontière. Mais depuis que les armées sont devenues nombreuses à l'excès, depuis qu'on a su apprécier que de grandes batailles avec de grands corps agrandissent les résultats dans l'opinion, le vainquenr ne perd presque jamais assez dans l'action pour suspendre l'élan qui le précipite sur le pays qu'il envahit. Dès que

la ligne de l'armée est forcée, le vainqueur
pénètre comme un torrent par la trouée, se
contente de masquer les places latérales, les
seules qui auraient action sur la ligne, et il
poursuit l'armée battue, quelquefois jusqu'à
ce qu'affaibli lui-même par les marches et
les traînards, son énergie s'éteigne dans la
lassitude.

C'est là qu'il faut placer, abstractivement
parlant, la limite de la puissance du vainqueur, composée des effets matériels et moraux
de la victoire. C'est donc l'hypothèse qu'on
doit supposer pour asseoir le système de la
défense. Or puisque la frontière qui est la
limite la plus étendue du royaume, ne peut
être matériellement mise à l'abri de l'invasion, même sur les points où elle a sa triple
ligne de places ; puisque les dix-neuf vingtièmes de ces places n'ont pas à contribuer
directement et spécialement aux grandes manœuvres sur les champs de bataille où se décide
le sort de la guerre ; puisqu'enfin leur mise
en état, qui est obligée par précaution dès

qu'on est menacé, absorbe une grande partie
des troupes et des moyens qui seraient si nécessaires aux corps qui tiennent la campagne
en présence de l'ennemi ; on doit penser que
ce n'est plus à la circonférence qu'il faut
disséminer ses moyens et ses trésors dans le
but d'en fermer les passages. Il y faut sans
doute quelques places d'armes, où l'on puisse
prendre ou déposer ce dont on a besoin,
ou ce qu'on ne peut emmener; mais il ne faut
rien de plus, et en les faisant robustes, on
peut, sans s'affaiblir, leur donner une existence qui traversera les événemens de la
guerre.

Après avoir pourvu avec économie aux
besoins de la frontière, besoins que j'appel-
lerai accessoires ou transitoires, il faut reconnaître qu'à la manière et aux moyens avec
lesquels on fait la guerre aujourd'hui, on
doit placer le siège de la défense dans l'intérieur, et la réserve définitive sur le point qui
impose au royaume son existence propre, ses
lois, et même ses caprices. Il n'y a point à

chercher un foyer stratégique derrière la Loire
ou dans la Vendée : Paris est celui autour
duquel il faut tout rapporter en désespoir
de cause ; car s'il était envahi ou seulement
menacé, il traiterait à tort et à travers, pour
lui et pour la France, aux dépens de tout
ce que nous avons de plus sacré.

L'idée de fortifier Paris n'est pas nouvelle,
mais mal analysée sous ses rapports politiques
et militaires, l'exécution en a été regardée
comme une utopie décevante et à-peu-près
impossible. C'est ici l'occasion de faire remar-
quer où aboutit quelquefois la persévérance,
je devrais dire la persistance dans les vieux
systèmes. Ceux qui ont été chargés de résoudre
le problème de la défense de Paris par les
fortifications, ne l'ayant envisagé que sous le
rapport d'un colosse à habiller avec les cuirasses en usage, ont vu leurs argumens bientôt
rétorqués par l'immensité de l'enceinte, et
par la nullité de la défense comparée à l'é-
normité de la dépense. Force est cependant
de pourvoir au premier besoin de l'Etat, c'est-

à-dire, à son existence, dont le foyer est irrévocablement fixé à Paris. C'est donc pour notre Thèbes française qu'il faut trouver, dans les faculté nationales, et dans l'art actuel de la guerre, la solution de ce vaste problème.

Si nous portons nos souvenirs sur le projet de Vauban, ce grand homme avait émis l'idée de revêtir et perfectionner l'enceinte d'alors, en la flanquant de bastions ou de tours espacées de cent vingt toises à-peu-près entre elles, et de créer une seconde enceinte extérieure à mille ou douze cents toises de la première, laquelle aurait couronné les hauteurs de Belleville, Montmartre, Chaillot, Saint-Victor, etc. ; enfin il proposait deux citadelles, l'une en amont et l'autre en aval de la Seine.

Arrêtons-nous un moment pour contempler le génie de notre grand maître, qui, pressentant que la capitale du royaume pouvait être menacée un jour, malgré la frontière de fer qui sortait pour ainsi dire de ses mains,

ne jugeait pas, dans sa vieille expérience,
qu'une seule enceinte pût lui suffire ; et
observons bien que ce n'est pas dans le
renforcement d'un système quelconque qu'il
plaçait la solution du problème ; il ne la
prévoyait que dans une ceinture assez éloi-
gnée de la première, pour que la plus grosse
artillerie de l'ennemi ne pût porter des projectiles dans la ville où une grande population
ne veut ni ne doit être inquiétée.

Comme il est inutile de rechercher les
conséquences que le projet de Vauban eût
exercées sur notre état politique et social,
dans la supposition où il eût été exécuté et
conservé dans son intégrité première, nous
nous bornons à consigner l'admirable prévision du grand citoyen, et à reconnaître en
principe que dans l'état et sous la puissance
actuelle des mœurs des Parisiens, une enceinte, assise à-peu-près sur celle actuelle de
l'octroi, fût-elle aussi robuste qu'on pût la
supposer dans le système en usage, et telle
qu'il fallût un long siège pour la forcer, cette

enceinte, dis-je, serait une affreuse déception, parce que le caractère parisien, ses besoins, ses passions, qui sont bien autrement grands et impérieux que du temps des Vauban, ne résisteraient pas à la menace d'un siège. La garnison ne serait ni assez nombreuse ni assez indépendante pour résister en même-temps et à l'ennemi et aux factions intestines. Il ne faut à Paris qu'une enceinte de police que la bourgeoisie puisse garder seule contre quelques hourras de cavalerie; il lui faut conserver en principe la physionomie de ville bourgeoise, parce qu'elle ne veut pas plus de barrières au physique qu'au moral.

Le problème de mettre Paris à l'abri d'une invasion ennemie, est donc d'une nature toute particulière, et d'une solution complexe. Il faut que l'ennemi s'arrête auprès sans oser y entrer; il faut pour cela une espèce de puissance magnétique qui, comme le paratonnerre, arrête et absorbe les forces de l'ennemi à la limite qu'on veut lui assigner, et à l'époque où, fatigué et décimé par ses efforts, ses marches et ses combats, une halte forcée à la vue du but de ses travaux, le désenivrera de la puissance morale qui aurait pu le porter jusque-là. C'est en créant une frontière de réserve et particulière autour de Paris qu'on y parviendra.

La question posée et consentie en principe, il faut aborder celle de l'assiette générale du système. Sera-t-elle créée dans celui de quelques grands foyers magnétiques et à puissances d'expansion? ou le sera-t-elle dans celui d'un espèce de camp retranché à lignes continues ou discontinues à deux ou trois mille mètres en avant de l'immense pourtour de la capitale? Recommencera-t-on, dans ce sens, l'alphabet des si faibles conceptions de 1814 et 1815? On avait au moins, à ces deux époques, l'excuse de l'étonnement et du manque de temps pour concevoir et exécuter : mais qu'aujourd'hui on émit encore un pareil système, ce serait ne connaître ni l'esprit de la puissance actuelle de nos armées, ni savoir profiter des leçons de ces deux époques.

A mon avis, la solution du problème consisterait à établir entre cinq et huit lieues, hors
de l'enceinte actuelle de Paris, trois grandes
places de premiere ordre, l'une sur la haute,
l'autre sur la basse Seine ; et la troisième sur
la Marne ; à asseoir pareillement trois hexagones, l'un sur Montmartre, l'autre à l'extrémité de Chaillot, et le troisième vers le Jardin
des plantes. Le reste de l'enceinte actuelle
n'exigerait que quelques redressemens ter-
rassés et revêtus , appuyés par quelques
casernes défensives ou blockhaus pour tenir
en sûreté les postes de police.

Les trois grandes places que je propose
avec vingt mille hommes de garnisons chacune, complétées en partie des débris échap-
pés de l'armée et qu'on augmentera au besoin
des douaniers ou autres employés refoulés
par l'ennemi, et enracinées dans une population compacte, riche et brave, encadreraient la capitale dans un triangle énorme,
dont les saillans étant des plus robustes, feraient de l'enceinte de Paris une courtine

rentrée que l'ennemi n'oserait aborder, puisqu'il aurait sur les flancs deux places qui contiendraient quarante mille hommes dont les détachemens n'auraient que quatre à six lieues à faire pour parcourir la moitié de l'intervalle d'une place à l'autre, distance qui, fût-elle du double, ne serait pas hors de proportion sur l'échelle du problème, surtout avec le concours des corps qui manœuvreraient entre ces places sous la protection des murs de Paris.

Si l'on veut considérer que Paris, même dans l'état où il est aujourd'hui, ne serait pas violé par une armée d'invasion, si elle n'était nombreuse, si elle n'avait des intelligences avec les habitans, si enfin elle n'était assurée d'obtenir son triomphe avant de pouvoir être inquiétée par des corps voisins, on peut dire que la population de Paris est une masse que l'étranger n'oserait fouler sans son consentement; mais il faut avouer aussi qu'elle est toujours facile à entraîner, selon que la puissance qui la régit conserve ou cesse d'avoir

4

celle de l'opinion. Pour conserver cette puissance de l'opinion, il faut donc lui en imposer ou la protéger par des forces qui soient des colonnes sur lesquelles elle puisse lire ses devoirs et son salut.

J'ai maintenant à justifier les motifs par lesquels je pense que ces trois grandes places doivent êtres assises entre cinq et huit lieues hors de Paris, pour jouir de la plénitude de leur puissance : ces motifs sont que pour développer et multiplier l'action des foyers, il faut forcer la masse de l'armée ennemie à se diviser pour être en présence sur les divers points qui ont ou doivent avoir des existences propres, et qui ne manqueraient pas cependant d'agir contre elle, en combinaisons les unes des autres; ainsi donc dès que l'ennemi arriverait à dix ou douze lieues de Paris, il s'y arrêterait forcément pour prendre l'une ou l'autre des combinaisons suivantes, ou s'établir en tête d'une ou de deux places pour es masquer ; dans ce cas, il lui faut au moins trente-cinq mille hommes en tête de

chacune, et une vingtaine de mille en réserve
pour lier ses opérations, ou bien prendre
une position centrale entre deux des trois
places. Cette dernière hypothèse suppose que
l'ennemi croirait arriver promptement à un
grand résultat, car ses communications en
arrière seraient tout-à-fait compromises par les
sorties des places latérales. Dans l'un et l'autre
cas, Paris et les communications de Paris à
ces places seront libres; car on n'admettra
pas que l'ennemi puisse faire un établissement raisonnable entre l'une de ces places
et Paris, au milieu d'une population concen-
trée, dont la mauvaise humeur résultant
forcément de l'état des choses, lui serait
violente et fatale.

Si l'on suppose cependant, par impossible,
que l'ennemi soit assez puissant pour parvenir
à bloquer complètement une ou deux places,
il est obligé au moins de s'y tenir avec toutes
ses forces, à la vue de leurs remparts : mais
alors ses troupes n'occuperont pas Paris; et
l'on conçoit que si les places étaient situées

sur l'enceinte actuelle de la capitale, l'ennemi agirait simultanément, et avec les mêmes hommes, contre les places et contre Paris qui ne serait plus en position de réserve. Dans le système que je propose, on divise forcément les corps de l'armée ennemie au moment où elle n'a d'existence que par son ensemble réuni. On se trouve stratégiquement sur la ligne où s'arrêterait le torrent de l'invasion, dégrossi par toutes les pertes qu'occasionnent même les succès. Il y serait réduit au nombre, à-peu-près, de l'armée qu'il y aurait acculée, et au terme de l'exaltation que donnent les succès. C'est là, et de ce moment, que les fortifications deviennent la puissance dominante en faveur de la patrie : c'est alors et par elles, que le problème de la défense des états présente une solution directe et positive, qui n'existe, quant à présent, que sur des éventualités hypothétiques.

Supposerait-on que dans un moment de colère, l'ennemi ferait un hourras général par-dessus les murailles de Paris : mais quel

serait le chef assez audacieux, disons assez fou
pour le tenter; certes, ce ne serait pas une
pareille échauffourée qui entraînerait la défection des habitans : les grands foyers qui
existeront au dehors, et les trois jalons de
Montmartre, de Chaillot et du Jardin des
plantes, sous lesquels on ne manquerait pas de
se grouper , en ôtent toute idée , même le
temps et les moyens de traiter, ou d'organiser
la défection : ce ne serait qu'un torrent
d'orage dont la Seine charrierait bientôt les
débris; ainsi donc , avec trois foyers de
défense et trois citadelles , nous remplirions le
but du problème qui consiste à couvrir Paris
avec le moins possible de places fortes, à
arrêter l'armée d'invasion hors de Paris, autour des points aimantés qui en absorberaient
les foudres, à forcer l'ennemi à diviser ses
forces à la veille de son triomphe; en résumé,
à ôter toute idée de tenter la conquête de la
capitale.

CHAPITRE 3.

Après avoir assis le canevas du grand problème dont il s'agit, il reste à en sonder la dépense. Je dois déclarer ici que je n'ai pas les moyens de l'évaluer exactement; mais ce ne sont pas quelques millions de plus ou de moins dans une opération de cette importance, qui doivent en déterminer l'adoption ou le rejet; il suffit ici d'en constater la possibilité et les avantages, en indiquant la nomenclature et l'aperçu des moyens et des dépenses. Si les deux produits se balancent à-peu-près, on sentira d'un autre côté que le système proposé, qui élèverait la France à l'apogée de sa puissance et de sa sécurité, donnerait aussi des économies incalculables sur les dépenses d'entretien et de mise en état des places, et de plus importantes encore sur le personnel des états-majors et des garnisons, dont profiterait la masse des armées qui tiennent la campagne au commencement de la guerre.

La première chose à avoir pour asseoir les fortifications, sont les terrains, et ne connaissant pas leur valeur, dans les différentes localités, il est impossible de la déterminer ici : toutefois, si l'on admettait de vendre dans l'intérieur du royaume des propriétés de l'Etat, jusqu'à concurrence de celles à acquérir, ce ne serait qu'une espèce d'échange.

Si, ce que je ne saurais trop conseiller, le Gouvernement prenait le sage parti de supprimer celles de nos places fortes qui excèdent le nombre que nous pouvons approvisionner raisonnablement en temps de guerre, de celles surtout dont on pourrait dire qu'elles n'ont ni vices ni vertus, puisqu'elles n'empêchent plus les irruptions du vainqueur ; puisqu'elles épuisent l'armée dans leur nullité, et qu'en résultat elles ne sont plus d'aucun poids dans la balance ni dans les stipulations des traités que le conquérant impose lorsqu'il est en position de menacer la capitale ; le Gouvernement trouverait à se défaire de quatre-vingts places de guerre, lesquelles démolies et vendues par parcelles aux habitans, donneraient par aperçu une superficie de quatre mille hectares.

Je ne me dissimule pas que cette proposition soulèvera d'étonnement tous ceux qui par état, ou par l'habitude qu'ils se sont faite de considérer toutes les places quelconques comme une puissance auxiliaire ou d'opinion, lui pardonnent sincèrement les mécomptes que l'Etat et l'armée en ont essuyés à certaines époques, et comptent toujours sur elles, en se faisant illusion sur l'énormité des approvisionnemens et des garnisons, comme sur leur valeur dans les crises d'une guerre malheureuse. Ils la repousseront aussi par la crainte de présenter à l'ennemi un appât à des projets dont l'existence de fait de nos places lui ôte l'idée : mais cette proposition est, pour moi, une opinion de conviction dont la conséquence que j'en tire est exacte, et dont le but est de parvenir à une assiette de puissance qui soit inébranlable dans l'adversité : en effet toute la France serait envahie, ce qui n'est pas admissible, que si le Gouvernement conserve autour de Paris une banlieue d'existence, il n'y aurait pas de salut possible pour l'étranger qui aurait foulé le sol de la patrie.

Revenant à l'évaluation du projet, j'estime que les trois grandes places que je propose dans les environs de Paris, exigeraient avec leurs dépendances ou réserves extérieures et intérieures, une superficie de douze cents hectares, ci.................. 1,200 hect.

Les citadelles de Montmartre, Chaillot, et du Jardin des plantes, exigeraient cinq cents hect., ci..   5oo

Les terrains à acheter, autour de l'enceinte actuelle de l'octroi, pour élargir le terrain militaire sur certains points, peuvent être évalués idéalement à trois cents hectares, ci.................. 3oo

Ce serait donc une masse de deux mille hectares à se procurer, et il resterait, en terrains provenant de la vente de quatre-vingts places, deux mille hectares.

Sans doute on ne peut affirmer positivement que cet excédant à vendre produirait un reliquat de bénéfice net sur l'opération ; mais il serait nécessairement un tempérament. Et si l'on réfléchit que les terrains à vendre se trouveraient sur la masse des terre-pleins et glacis qui joignent les habitations, leur prix serait probablement celui des terres de première qualité.

Si l'hectare de terre à vendre sur la ceinture des villes était au même prix que celui à acheter à huit ou dix lieues de Paris, les deux mille hectares, dont on aurait besoin à Paris et aux environs, ne seraient qu'un échange, et il y aurait à disposer des produits.

1° De deux mille hectares, que j'évalue terme moyen à trois mille francs l'un ce qui produirait................. 6,000,000

2° En prenant les quatre-vingts places à vendre, au terme moyen

de huit fronts chacune, les ma-
çonneries de leurs fortifications
peuvent être évaluées à quatre
cent quarante mille mètres cubes,
dont la démolition produirait
moitié en moëllons bons à l'emploi, c'est-à-dire, deux cent vingt
mille mètres cubes par place, à
quatre francs cinquante centimes
le mètre cube, prix brut, démolition comprise, et pour les quatre
vingts places la somme de..... 80,000,000

3° On trouverait bien, terme
moyen, pour six cent mille fr.
d'établissement ou de matériel
à vendre dans chaque place, en
y faisant même les réserves nécessaires ou convenables aux besoins éventuels de manutentions
et de magasins, ce qui produirait
dans les quatre-vingts places,
une somme de.............. 48,000,000

La vente des quatre-vingts places pourrait
donc produire environ cent trente-quatre
millions.

Les trois grandes places en dehors de Paris coûteraient chacune,

En fortifications. 3o,ooo,ooo
En établissemens. 8,ooo,ooo

Total...... 38,ooo,ooo
Et pour les trois places........ 114,ooo,ooo

Les trois autres citadelles à Paris, où tout est plus cher, coûteraient chacune,

En fortifications. 6,ooo,ooo
En établissemens. 2,ooo,ooo

Total...... 8,ooo,ooo
Et pour les trois. 24,ooo,ooo

Total de la dépense à faire, cent trente-huit millions : c'est-à-dire, que l'opération se balancerait à quatre millions près.

Je ne parle pas ici des casernes défensives ou blockhaus, non plus que de quelques redressemens ou modifications à faire sur certains points des murailles de Paris : cela se ferait avec le temps et peu à peu. Quand on y emploierait encore quelques millions, ce ne serait rien sans doute pour parvenir à un changement d'état de défense qui assurerait notre existence contre les chances les plus critiques.

Il resterait à analyser la difficulté de la réalisation des produits; car la vente de quatre-vingts places serait sans doute une opération longue et difficile, et de plusieurs années; elle peut aussi produire de grands mécomptes dans l'évaluation, si on prend pour terme de comparaison la vente des fortifications de St.-Quentin, et peut-être aussi l'excès d'approvisionnement de matériaux que la démolition mettrait dans le commerce autour des places supprimées. Ce serait à l'administration à aller avec prudence en ne mettant en vente que par parcelles les bastions par exemple, et à des intervalles éloignés. Du reste quand il y aurait mécompte d'un quart sur le prix de vente du moëllon provenant de la démolition, le déficit réparti sur les dix ou douze années qu'on emploierait à la construction des nouvelles places, n'exigerait qu'un supplément de

trois millions par an qui équivaudraient à
l'économie de leur entretien annuel. Il suffirait, pour modérer toute l'opération, que
le Gouvernement fût en avance annuelle de
douze à quinze millions pour être et se tenir
en mesure de ne pas manquer. Et l'Etat
ne serait certes pas embarrassé pour se les
procurer.

Enfin, je dois déclarer ici que la démolition d'une partie ou de bon nombre de nos
vieilles places, n'est pas, dans ma pensée, la
condition absolue de l'exécution des nouvelles
places. Je l'indique comme tempérament à la
dépense, puisque la solution du problème
tient à en débarrasser l'armée, pour le plus
grand bien de l'Etat, et parce qu'il nous faut
créer la puissance de notre intégrité territoriale et sociale aux portes de la capitale.

Mais si malgré les doctrines qui résultent
des considérations que je viens de développer
sur l'état défensif du royaume, les conseillers
de la couronne persistent à conserver et à
compléter la restauration de nos vieilles places

à la frontière, voyons du moins s'il ne serait
pas possible d'obtenir, par les dépenses qu'on
a le projet d'y faire, des dispositions vitales
d'énergie, au lieu de la triste impuissance des
pièces compliquées et emmaillottées sur la
chemise de la place, et qui ne lui épargnent
aucune des éclaboussures dont elles sont le
but en blanc.

La fortification n'est rien ou presque rien
sans le soldat. La place et la bourgeoisie sont
des victimes abusées, si elles sont condam-
nées à être dévorées, en quelques jours, par
les attaques dont le matériel et le personnel
sont toujours moindres que ceux de la place :
car, dans le résultat d'un siège, il faut comparer non seulement le nombre des assiégeans
avec celui de la garnison, mais il faut y
comprendre aussi la masse de la population,
qui, participant ou non à la défense, n'en
subit pas moins les désastres ou accidens des
armes de l'attaque. Enfin, il serait facile de
démontrer, par l'histoire, que le système des
attaques inventé par Vauban donne une telle

supériorité aux assiégeans, sur les combinaisons défensives du système en usage, qu'on
peut faire des sièges, livrer des assauts, et
prendre des places, avec moins de monde
qu'il n'y en a quelquefois pour les défendre.
En rendant hommage au génie de Vauban
qui a su créer la puissance de l'assiégeant
par les travaux de l'attaque, disons aussi qu'il
en a trouvé le principe dans le déploiement
des tranchées dont l'exécution successive et
continue est la puissance du mouvement en
face des masses inertes ou immobiles de la
place, et d'une garnison ou population dé-
moralisée, d'une part par l'impuissance de
réprimer cette marche, et de l'autre par le
bruit, les menaces, et les désastres de l'artillerie assiégeante.

Serait-il donc impossible de procurer ce
principe du mouvement à la défense? Serait-il
impossible de rapprocher la condition désas-
treuse d'une ville assiégée, de celle de la masse
qui est régie par le contrat-social, en sauvant
au moins à ses habitans les risques de la vie et

de ses affections? Si je ne craignais d'encourir le reproche de présomption, je dirais que non, la chose n'est pas impossible. De même que la puissance des attaques est dans le mouvement, c'est aussi dans le mouvement qu'il faut chercher le mobile de la défense, et en placer le foyer dans des positions excentriques à la place, afin d'en écarter la direction des trajectoires.

Par le mouvement, j'entends non seulement les actions ou manœuvres de combats; j'entends aussi les contre-travaux par lesquels on irait à la rencontre des positions agressives et d'appui de l'ennemi, soit en se portant sur les flancs des attaques pour les écharper avec l'artillerie, soit en portant en tête des obstacles qui chicaneraient la marche des attaques. On me répondra, selon les préceptes de l'école, qu'une garnison assiégée ne peut tenir la campagne; que la circonvallation a pour but et effet de faire rentrer la garnison dans la place, d'où elle ne peut plus sortir au loin sans s'exposer à être dé-

truite. L'objection est irrécusable dans et par
le système actuel des fortifications de nos
places; mais je demanderai, s'il n'y aurait pas
un meilleur mode d'emploi à faire, et de la
fortification, et d'une masse de cinq à six mille
hommes qu'on réunit, pour ne pas dire qu'on
entasse dans une place de six à sept fronts?

La garde d'un hexagone, par exemple, n'exige au moment d'un siège que quatre
cents hommes sur les remparts et six cents
hommes d'avant-garde au dehors de la
place. Cependant quand les attaques sont
ouvertes sur un front de la place, la défense
emploie dans les branches des différens services, et pour le point attaqué seulement,
trois mille à trois mille six cents hommes;
en y ajoutant dix-huit cents hommes pour
le tiers de repos, on porte l'effectif total
de la garnison à cinq mille quatre cents
hommes. On voit par ce tableau que l'action
de la défense considérée comme sur un théâtre
isolé ou indépendant de la garde de la place,
n'emploie que deux mille à deux mille cinq
cents hommes.

Supposons qu'on réduise le système de la place à une simple enceinte, robuste dans sa chemise, et par des points d'appui de simple corps-de-garde crénelés sur sa contre-escarpe; mais qu'on lui crée à mille ou douze cents, même à deux mille mètres en avant de la place, selon sa grandeur ou les moyens militaires du terrain environnant, trois forts détachés qui encadreraient la place dans un triangle : que chacun de ces forts contienne un poste de trois cents hommes organisés de manière qu'ils ne puissent être enlevés d'assaut, et de manière aussi qu'on puisse y développer à volonté des troupes et de l'artillerie. Il est évident que l'assiégeant ne pourra prétendre à la conquête de la place, qu' en préludant sur l'un des forts détachés c'est donc aussi sur l'un de ces forts détachés, que la place portera l'énergie et les consommations de la défense, en se faisant appuyer de flanc par les deux autres forts latéraux, soit par des sorties, soit par des travaux de contre-approches.

Voyons si la garnison de cinq à six mille

hommes qu'on assigne à l'hexagone du système en usage, suffirait pour les dispositions que je réclame. Si elle suffit dès l'hexagone, les garnisons des polygones supérieurs suffiront *à fortiori*.

Nous supposerons qu'indépendamment de la garde nationale qui n'aura pas un service exposé dans l'intérieur ou sur les remparts de la ville, on laissera, 1° à la place, sa garde de quatre cents hommes, compris trois postes de cinquante hommes chacun, au dehors de l'enceinte; 2° dans la place, et pour réserve en cas de besoin, le tiers de la garnison de repos, qui est de dix-huit cents hommes; le surplus de la garnison, qui est de trois mille trois cents hommes de service, fournira trois cents hommes à chacun des forts, ce qui fait neuf cents hommes; et il restera deux mille quatre cents hommes à employer tous les jours aux réserves et aux attaques sur les foyers extérieurs. Ce qui suffit largement aux besoins reconnus.

Mais on dira, ces forts sont trop éloignés de la place pour que les communications en soient sûres et certaines? J'admets bien aussi qu'on assurera ces communications; une ou deux tours-modèle intermédiaires, et deux épaulemens derrière lesquels on cheminera à l'abri des vues et des projectiles de l'ennemi, sont suffisans. Ces épaulemens sont sans conséquence, on les garde ou on ne les garde pas, et ils sont toujours à la disposition de la place quand elle veut couler des sorties.

Chacun des forts proposés et casematés peut être évalué à un million; les épaulemens de communication peuvent être évalués à quatre-vingt mille francs; et les deux tours-modèle n° 3, à vingt mille francs. En tout un million cent mille francs, et pour les trois forts d'un hexagone, trois millions trois cent mille francs. Sur cette somme, beaucoup de places fourniraient par des démolitions partielles et indispensables dans leurs dehors, une partie des matériaux nécessaires; mais n'y fît-on pas d'économies, on aurait, par les dispositions proposées, une franchise de dangers pour la place, qui produirait énormément en énergie sur le foyer qui en aurait la corvée, et dont les hommes viendraient, à la descente de leur service, se refaire au moral et au physique de leurs fatigues et dangers au quartier-général qui serait hors de la portée ou de la direction des orages. La défense serait de quarante à cinquante jours aux forts détachés, et d'une quinzaine de jours au moins pour parvenir au fossé du corps de la place. Le siège augmenterait en difficultés et en moyens nécessaires, par l'immensité de la circonvallation, par la part que les deux autres forts prendraient à la défense de celui qui serait attaqué, en jetant des projectiles à grande portée sur les flancs du front d'attaque, au moyen de lignes de contre-approches à l'abri desquelles on porterait de l'artillerie de bataille et des troupes à quatre ou cinq cents mètres en avant des forts.

Le caractère des dispositions que je propose en principe, est, au matériel, d'isoler les habitans, les malades et les fatigués de service, des orages continus de l'attaque et de l'artillerie assiégeante ; de fixer au loin de la population civile et militaire, le volcan sur lequel l'attaque serait réduite à se ruer ; de réduire au plus petit nombre possible, et sur le plus petit champ de bataille possible, la quantité de troupes nécessaires au but qu'on se propose, celui d'user le temps, et que l'assiégeant ne puisse se dispenser de déployer tout l'appareil et les travaux d'un siège, sur une annexe dont la position consommerait, absorberait ou laisserait perdre dans la campagne les projectiles qui, dans le système actuel, dévorent l'intérieur de la place, quand ils ont éclaboussé ou manqué les fortifications de l'enceinte.

Au moral, son caractère est de commander la confiance dans toutes les classes de la place, par la distance et l'isolement du danger ; de conserver la santé publique et militaire, par la jouissance complète et assurée du repos, et même des plaisirs ; d'enflammer le courage du soldat par l'analogie de sa position à la frontière de la place, avec celle de la guerre de campagne, par les moyens qu'il y aura d'y faire ses prouesses et le plaisir de venir les raconter en ville, en en promettant d'autres pour le lendemain, parce que, du chevalier français tel est le caractère. Le caractère moral enfin de cette disposition est de rendre la position du défenseur analogue à celle de l'assiégeant, dans la jouissance paisible du repos hors du service, et dans l'attitude imposante qu'il a à sa frontière, qu'il disputerait long-temps sans être compromis.

J'ai supposé qu'on admettrait de réduire le système des corps de la place à leur enceinte principale, en rasant les ouvrages extérieurs qui existent presque partout sur certains points. J'ai besoin d'en expliquer les motifs pour n'être pas qualifié de démolisseur par système ou par fantaisie.

La défense des places est en général si arriérée dans l'art et l'éducation de nos hommes de guerre, soit par le peu de ressources qu'on a trouvées dans les fortifications pour les crises des sièges; soit par le petit nombre

d'occasions qu'on a eues ou qu'on présume
avoir de servir dans les places assiégées; soit
enfin par l'éloignement qu'on a à en faire
une étude longue , difficile ; et je dirais
presque stérile, puisqu'on ne peut porter,
dans la place à défendre, les améliorations ou
les suppressions de vices que l'étude aurait
signalés; que les gouverneurs et les chefs de
corps, qui par cas fortuit s'y trouvent désignés, n'ont en général que des idées fausses
de leur position et de leurs devoirs. Le
premier soin dont ils se préoccupent, est de
rechercher et de tâcher de caser dans leur
mémoire tous les parapets de la place, et
d'en mesurer le développement pour en déduire, à la toise courante, le nombre d'hommes
qu'ils pensent leur être nécessaire. Ils croient
la place en danger, ou leur responsabilité
compromise, si tous les ouvrages ne sont pas
occupés; et on doit à la justice de dire que
le caractère et le système des ouvrages en
usage ont le tort d'autoriser en général cette
erreur, par la difficulté de s'y porter et de
les armer promptement quand l'occasion le

prescrit; mais c'est ainsi qu'on noie de service et par conséquent de fatigues inutiles et anticipées, des garnisons considérables. Quand le siège est commencé et approche de la place, la garnison exténuée ne suffit plus; on se croit menacé dans tous les ouvrages, parce qu'ils sont tous éclaboussés par les attaques, et on se trouve sans hommes et sans énergie, pour repousser les têtes des attaques réelles.

Le principe de la disposition que je propose étant de porter la défense à l'extérieur, et de l'y nourrir avec la masse accordée pour la place à laquelle on l'adopterait, il convient de ne pas laisser au gouvenreur et à la garnison, de doutes sur ses positions à occuper, ni sur le caractère de sa défense. Un ouvrage à corne, une demi-lune, tous autres grands ouvrages situés sur le fossé du corps de place, l'inviteront à prendre sur la masse des foyers extérieurs, pour les occuper, et il en résulterait de l'affaiblissement au lieu d'énergie dans la défense.

Je laisserais seulement les réduits de demi-lune comme têtes de ponts sur le fossé, je rattacherais le parapet de la demi-lune à celui des chemins couverts des bastions; et en démolissant l'escarpe et la contre-escarpe de la demi-lune, je ferais de son chemin couvert actuel, un avant couvert à contre-pente praticable pour les sorties, sur chaque front de la place.

Le motif et les bornes de cet article ne me permettent pas de traiter cette question plus en détail. Je n'ai eu, et n'ai dû avoir en vue que d'indiquer l'application la moins désavantageuse à faire des fonds qu'on a le projet d'employer à la restauration des places actuelles ou de celles que l'on compte conserver; en recommandant, par-dessus tout, d'en réduire le nombre le plus possible.

Enfin j'observerai comme on a pu le présumer à la lecture de ces réflexions, que les résultats politiques et financiers que j'énonce, ne se trouveraient complètement que dans l'admission d'un nouveau système de fortifications, dont les principes seraient déduits de l'emploi possible du soldat tel que le donne

le caractère national de la civilisation française, en admettant pour axiôme, que le
soldat porte avec lui et autour de lui une atmosphère de puissance proportionnée à la
valeur de ses armes, et aux qualités de sa
position. Pour démontrer la nécessité de la
proposition, je joins à cet écrit un second
livre sommaire sur les doctrines dans lesquelles il faut enraciner la puissance des fortifications. Je terminerai celui-ci par le chapitre suivant sur quelques-uns des moyens
par lesquels le Gouvernement pourrait nourrir
et développer la puissance des places de
guerre, notamment par une nouvelle organisation de garde nationale.

CHAPITRE 4.

§. 1ᵉʳ — DE LA BOURGEOISIE.

LA bourgeoisie, dans les places de guerre,
a été souvent un sujet de controverse, relativement à l'action qu'elle exerce sur la défense. Des opinions influentes sur la matière
se sont prononcées pour l'isolement complet
des militaires, surtout pendant les orages de
la défense. Ils n'ont vu dans les habitans des
villes de guerre que des populations qui ne
se plient que difficilement aux lois de la police
militaire, qui, n'ayant pas chez eux les provisions suffisantes ou nécessaires pour traverser
le temps d'un siège ou d'un blocus, dimi-
nuent ou consomment ce qui devrait être
réservé pour la garnison : qui enfin dans les

crises capitales de la défense forcent ou entraînent la garnison à capituler. Il faut avouer que ces considérations sont vraies, au moins en partie : mais en conclure qu'il ne faudrait pas d'habitans bourgeois dans les villes de guerre, c'est s'exposer à d'autres inconvéniens non moins graves.

Pour le cas d'un siège qui est heureusement très-rare, on ne ferait, des places de guerre, que des camps d'ennui pour les garnisons qui y seraient affamées de tous nos besoins de société animale et morale qui sont indispensables à notre état social. Les places de guerre, au lieu d'avoir droit de bourgeoisie dans nos mœurs nationales, ne seraient que des possessions militaires étrangères aux affections de la banlieue au milieu de laquelle elles seraient situées. Elles manqueraient, en temps de siège, d'une infinité de denrées ou marchandises dont l'état ne pourrait avoir la nomenclature, dans ses magasins. Elles manqueraient de cette physionomie de société, qui est indispensable au caractère français,

et dans laquelle il retrempe son amour pour
la gloire, et se délasse de ses fatigues et de
ses dangers. Elle manquerait enfin de tous
les secours et ressources qu'une place assiégée
tire des habitans et des métiers qui y sont en
proportion de son importance.

Ainsi donc il n'y a pas à balancer, les places
de guerre doivent être habitées par la bourgeoisie ; mais il faut trouver dans le système
de leur assiette, les moyens de les marier
avec la bourgeoisie, de manière que la part
de leurs privations et de leurs dangers, dans
les crises d'un siege, n'excède pas ce qu'a
droit d'en exiger le pacte social. Je pense donc
que relativement aux trois grandes places que
je propose autour de Paris, le Gouvernement
doit favoriser les bâtisses et établissemens
particuliers qui viendraient s'y fixer, par une
dispense de contributions pendant vingt-cinq
ans, et la renouveler de droit pour quinze
années, en faveur de la totalité de la place,
chaque fois qu'elle aurait été assiégée et qu'elle
aurait soutenu les attaques jusqu'à la brèche.

De plus, toutes les places du premier ordre,
au moins, devraient être villes d'entrepôt
avec franchise de droits, pour toutes les denrées nécessaires à la vie animale.

§ 2. — DE LA GARDE NATIONALE.

Dans toutes les places de guerre du royaume,
l'organisation de la garde nationale devrait y
être traitée, non pas d'après le système actuel
qui est incapable d'aucune énergie, mais sur
des bases qui puissent satisfaire l'amour-propre
de ce corps, sous les rapports de la composition et des privilèges qu'elle échangerait
contre un service plus réellement militaire,
et par cela même, plus honoré.

Sans fouiller ici l'origine et les statuts de
la garde nationale, on peut se borner à reconnaître que cette institution, à-peu-près
nulle à l'approche de la première révolution,
se ressuscita spontanément en 1789 au profit
des idées nouvelles; qu'à la suite des conquêtes de l'Empire, elle retomba dans sa

vieillesse morale, et que, malgré les services qu'elle a rendus à la Restauration, on pourrait dire que maintenant la mode en est passée.

Cependant les guerres d'aujourd'hui peuvent avoir un caractère si menaçant pour l'existence des états; les armées peuvent être si immenses par les coalitions, que celles du royaume peuvent ne pas être toujours suffisantes; ne conviendrait-il pas alors de lui ménager un auxiliaire au moins sur des points et dans des positions où elle pourrait suppléer l'armée en partie, et sans excéder les limites de son institution.

Il est encore dans nos idées françaises que, dans les places de guerre, même quand elles sont attaquées, la garde nationale concourt au service intérieur de la défense. Le Gouvernement doit entretenir et développer cet esprit militaire qui existe particulièrement dans les villes de guerre. C'est là surtout qu'il est important de conserver l'institution, en perfectionnant son organisation au personnel et au moral. Une juste considération et quelques privilèges feraient remplir les rangs d'une garde nationale qui ne calculerait jamais avec ses services, surtout quand l'honneur français les réclamerait. Voici les bases sur lesquelles je concevrais l'organisation d'une garde nationale utile.

1° Je n'y admettrais que les membres des familles payant au moins la cote personnelle;

2° Je la partagerais en vieille et jeune garde nationale : la vieille serait composée des hommes mariés ou âgés de trente-cinq au moins jusqu'à soixante ans. La jeune serait composée des jeunes gens ou célibataires de vingt à trente-cinq ans : à titre de faveur on pourrait y admettre les jeunes gens de dix-huit ans qui auraient terminé leurs études;

3° La garde nationale ayant le privilège de tenir la tête des troupes réglées, je l'assimilerais à la garde royale pour les marques distinctives des grades; et dans les places de guerre surtout, les capitaines des compagnies, au moins, seraient choisis parmi les chefs de bataillon en retraite, habitant la ville ou la commune :

4° La vieille garde nationale ferait les services et réserves d'honneurs *intrà muros* ; la jeune serait plus spécialement employée au service actif ;

5° Pour dédommager les gardes nationaux des devoirs que leur imposerait le service fortuit auquel ils sont destinés, on pourrait leur accorder d'abord le privilège du port-d'armes gratis : de plus les dispenses du logement des gens de guerre : enfin leur faire remise annuellement du montant de leur cote personnelle dans les impôts. Ces privilèges seraient censés compenser les frais d'uniforme et d'équipement, de même que la perte de temps que leur service pourrait avoir soustrait à leurs occupations ;

6° Tout garde national qui aurait servi pendant un siège ou qui aurait fait campagne et assisté à dix combats, aurait droit à la pension de retraite de son grade, en comptant son service depuis l'époque de son inscription sur les contrôles de la garde nationale, pourvu qu'il consentît à y compléter honorablement ses trente ans de service. Telles sont sur la garde nationale, les principales conditions d'une organisation qu'il faut marier incèrement avec nos mœurs, pour la rendre utile, sage et forte pour nos institutions.

§ 3. — DU SERVICE DANS UNE PLACE ASSIÉGÉE.

Au nombre des moyens par lesquels on peut nourrir et développer la puissance des places de guerre, se trouve, en ligne de grande importance, le système du service des troupes pendant un siège. Diminuer les fatigues excessives de la garnison, en lui demandant en réalité plus de temps de service, est une observation qui ne saurait être indiscrète et qui trouve naturellement sa place dans ce chapitre.

Sans traiter ici de la convenance qu'il y aurait à créer, dans une place assiégée, un corps d'élite et privilégié, dont la force serait portée successivement, et à titre de récompense individuelle, au quart de la totalité des différentes armes de la garnison, corps qui serait dispensé, par privilège, des gardes et corvées générales, mais qui serait, en revanche, l'âme des sorties et de la défense des ouvrages et des brèches, je me bornerai à quelques réflexions sur le roulement du service.

Deux causes qui épuisent le plus les hommes, sont la longueur des gardes et les travaux de la défense; elles sont telles dans les places actuelles, que le soldat a à peine le temps de prendre son repas. Il faudrait adopter une division de service telle que le soldat eût, à moins de cas forcé, son repos franc, toutes les fois qu'il descend de garde ou de bivouac, et surtout lorsqu'il touche au moment de monter sa garde.

Le service, tel qu'il est fixé par les ordonnances, à vingt-quatre heures de garde, vingt-quatre heures de bivouac ou de travail, et vingt-quatre heures de repos, est trop long et trop fatigant pour que le soldat puisse y tenir. On peut en obtenir plus de temps de service, en le fatiguant moins : c'est à la vérité plus de peine pour l'état-major, mais la masse de la garnison en bénéficierait.

En fixant la relevée des gardes à douze heures au lieu de vingt-quatre, et le service de la garde à dix-huit heures, on les rendrait moins fatigantes, et la défense y trouverait son compte; parce que la garde montante matin et soir, présenterait deux fois par jour, pendant six heures de temps, les deux tiers à-peu-près de la garnison sur le front d'attaque, ou sur des points désignés. S'il y a quelques sorties à faire ou quelques attaques à soutenir, comme les unes et les autres se font le soir ou le matin, on se trouverait en mesure sans appels extraordinaires. Il suffirait d'ordonner, par mesure générale, que l'heure de relevée sera, dans la saison moyenne, à six heures soir et matin, que la garde montante arrivera trois heures avant, et la garde descendante rentrera trois heures après celle fixée pour la prise du service. Par cette combinaison, le repos réel du soldat serait alternativement de douze et de dix-huit heures par révolution de trente-six heures. La pose de service se trouverait portée à deux, pendant six heures, matin et soir. La pose descendante laisserait sa moitié en bivouac pendant les six heures d'intervalle entre la pose descendue et la pose montante, et son autre moitié descendante irait directement au repos, se réunir à la troisième pose qui doit monter six heures après, et qui se compose elle-même d'une demi-pose de dix-huit heures, et d'une demi-pose de douze heures.

De cette manière, la réserve au repos est de la moitié de la garnison, et du tiers seulement pendant les six heures qui, matin et soir, occupent la montée et la descente du service.

Dans le système actuel, au contraire, le soldat est censé avoir vingt-quatre heures de repos, ce qui serait presque trop s'il était complet, et quarante-huit heures de garde, et de bivouac ou de travaux, ce qui est au-dessus de ses forces. Au surplus la division du service sur le roulement de trente-six heures, a déjà été adoptée dans différens sièges; il ne s'agit que d'en appliquer le principe à la défense, avec les modifications que je viens d'indiquer.

§ 4.

Il ne me reste qu'un dernier vœu à proposer dans l'intérêt des places de guerre et de l'armée; c'est que la moitié au moins des emplois civils ou financiers fût réservée, dans les villes de guerre surtout, aux militaires retraités dont l'éducation ne serait pas incompatible avec les emplois qui leur seraient accordés; et cela sans réduction sur les émolumens de la retraite et de la place. Ce serait un moyen d'améliorer le sort de vieux et bons serviteurs, auxquels la loi générale ne peut accorder l'équivalent des besoins de beaucoup d'entre eux ; et d'un autre côté, l'influence de ces vieux et braves serviteurs sur leurs concitoyens, produirait un excellent effet sur l'ensemble des troupes et des habitans dans les crises de la défense.

Quel que soit le jugement qui interviendra sur les réflexions dont ce mémoire est l'objet, je m'y livre sous la sauve-garde d'une conviction profonde. Elles portent sur trois grandes considérations :

1° Celle que notre système de défense par les places fortes est tout-à-fait impuissant, parce qu'il est mal entendu, et hors de proportion avec notre état militaire;

2° Qu'il est indispensable de réduire le nombre de nos places fortes pour créer notre réserve absolue et inévitable à Paris et aux environs;

3° Qu'une organisation de garde nationale mieux entendue, peut donner un auxiliaire utile, d'impuissante et gênante peut-être qu'elle est aujourd'hui.

Ici se termine la tâche que je me suis imposée sur la question générale et politique de la défense du royaume par les places fortes. Elle n'est qu'une esquisse rapide du caractère et des données principales dans lesquelles on doit chercher la solution stratégique du problème. Mais si ces idées parviennent à être acceptées en principe, il est à craindre qu'elles soient exécutées sous l'empire du système de fortifications en usage, dont on s'obstine à exalter l'excellence, malgré tous les démentis consignés par l'histoire des sièges. C'est pour obéir à ma conviction, sur l'indispensable nécessité de chercher un nouveau système, dans les élémens qui ont développé et porté si haut la science de la guerre de campagne depuis quarante ans, que je vais exposer sommairement, dans le livre ci-après, les doctrines dans lesquelles il faut enraciner les conditions à imposer aux nouvelles constructions de places qu'on peut avoir à faire.

LIVRE DEUXIÈME.

EXPOSITION SOMMAIRE

DES DOCTRINES

DANS LESQUELLES IL FAUT ENRACINER L'ASSIETTE

ET LE

TRACÉ DE LA FORTIFICATION EN GÉNÉRAL,

POUR SERVIR D'INTRODUCTION A UN OUVRAGE INTITULÉ :

ESSAI DE FORTIFICATION SPÉCULATIVE,

PAR

M. DELAAGE,

LIEUTENANT-COLONEL DU GÉNIE, EN RETRAITE.

CHAPITRE PREMIER.

—

Tous les ouvrages qui, jusqu'ici, ont traité
de la fortification, n'ont produit que des combinaisons matérielles et impératives, dans lesquelles les considérations morales n'ont jamais
été consultées. On a fait des cuirasses sans
s'embarrasser de savoir par qui et comment
elles devaient être servies. On a gravement
disserté sur les formes et l'action des ouvrages,

7

sans les mesurer par les forces, et aussi par les infirmités des hommes qui doivent les vivifier : enfin toutes les théories professées, au lieu de mettre la fortification au service du soldat, ont imposé au contraire le soldat à ses caprices; et on a poussé le despotisme et l'injustice jusqu'à le rendre responsable des déceptions dont il est la première victime au jour des épreuves. Si ces réflexions pouvaient être contestées, je demanderais qu'on expliquât alors par quelles causes des garnisons, fussent-elles excellentes en entrant dans une place à défendre, deviennent pour la plupart mauvaises après quelques jours de siège; et par quels motifs, au contraire, les armées assiégeantes, quelle que soit leur composition quand on les réunit devant une place, deviennent excellentes à mesure que le siège se prolonge? On peut sans doute citer quelques exceptions : Saragosse et Dantzig sont là pour l'honneur des garnisons : aussi n'est-ce contre aucune que porte l'accusation; elle s'adresse aux doctrines qui, pour ne pas sortir des vieux préjugés, refusent d'approfondir et

d'avouer les causes qui ont produit l'excep-
tion dans les deux exemples que nous venons
de citer.

Ces causes qui sont dans le fanatisme politique et national pour Saragosse, sont aussi
dans le système de la place et de la défense
adopté par le général Rapp pour Dantzig.
Chacune de ces deux hypothèses, si différentes
dans le mobile de ses produits, appartient
cependant aux considérations morales dont
on a eu le bonheur de rencontrer l'application à chacune des deux positions des défenseurs de Saragosse et de Dantzig.

Dira-t-on que Saragosse et Dantzig, qui
n'étaient pas des perfections de l'art, sont la
preuve que notre système, complété d'après
l'école de nos jours, donnerait des résultats
analogues et proportionnés. Je répondrai que
cette question où le dilemme semble exclure la
négative, s'est toujours résolue et se résoudra
toujours dans le chapitre des déceptions au
jour du besoin; parce que précisément on
n'y compte pas les élémens moraux qui ont

été développés à Saragosse et à Dantzig, qui
sont, comme nous venons de le dire, le fanatisme dans la première, et la puissance de la
tactique de campagne combinée avec celle
des fortifications dans la seconde; mais qui,
l'une et l'autre, ont leur source commune
dans le système qui, en transposant les rôles
de la troupe et de la fortification, produi-
sent une beaucoup plus grande part de puissance et de gloire pour tous.

Après les deux exemples que nous venons de
citer, auxquels on pourrait en ajouter beaucoup d'autres qui doivent leur célébrité à des
causes analogues, mais qui n'ont jamais été
senties ou avouées par ceux qui ont écrit sur
la fortification, nous nous dispenserons de
récapituler ici les griefs que les auteurs nouveaux ont successivement signalés : Carnot
en a dénoncé les plus saillans; mais les cor-
rections qu'il propose sont incomplètes et
faussées comme celles de l'école actuelle,
parce qu'étant parquées dans l'idéologie de
la toute puissance des murailles et des rem-

parts auxquels il ne manque que d'avoir en présence des attaques l'existence et l'énergie qu'on lui prête dans les combinaisons de leurs systèmes ils n'ont fait et ne feront que des œuvres-mortes, tant qu'ils n'associeront pas à l'équerre et au compas, les influences morales du caractère national du soldat à qui la défense des places est confiée. Ainsi telle forteresse qui est décorée du titre de parfaite, ne donnera rien de plus qu'une bicoque au jour de l'épreuve, parce qu'on aura oublié de lui donner la vie dans la faculté au soldat d'y déployer sa puissance. Ainsi toutes nos places, où on aura négligé de stipuler pour l'emploi possible du soldat dans les limites de ses facultés physiques et morales, ne seront que des lazarets, où la perfection prétendue de leurs masses colossales confisquera la puissance des garnisons au profit de celle de l'assiégeant, parce que leurs remparts restent seuls interposés entre la garnison dont ils paralysent les mouvemens, et l'assiégeant dont ils n'arrêtent pas la marche quand elle est compassée sur la science et les regles de l'attaque.

Si des mécomptes et des déceptions du système nous reportons nos réflexions sur les résultats militaires et financiers dont les états subissent les conditions et les conséquences, même dans la supposition de la jouissance complète des valeurs qu'on croit assigner aux places fortes, nous voyons des places du troisième ordre contenir pour à-peu-près douze millions de valeurs, renfermer quatre à cinq mille hommes qui seront obligés de se rendre à cinq ou six mille assiégeans, avant dix-sept à dix-huit jours de siège.

Nous voyons des places du second ordre contenir à-peu-près seize à dix-sept millions de valeurs, renfermer six à sept mille hommes qui seront tués ou pris par huit à dix mille hommes, au bout de vingt-trois jours de siège!

Nous voyons des places du premier ordre contenir cinquante à soixante millions de valeurs, renfermer quinze à vingt mille hommes qui seront confisqués par vingt-cinq ou trente mille hommes, au bout de quarante jours de siège!!!

Ainsi on consent à perdre :

12 millions et 4,000 hommes en 18 jours !
16 millions et 6,000 hommes en 23 jours !
50 millions et 15,000 hommes en 40 jours !

Ainsi le second ordre achète et paie cinq jours de plus-tenue sur l'hexagone, quatre millions et deux mille hommes.

Ainsi le premier ordre achète et paie vingt à vingt-trois jours de plus-tenue sur l'hexagone, quarante millions et onze mille hommes.

Si du moins le siège de ces places exigeait, dans tous les cas, la présence réelle de la proportion fixée entre le nombre des assiégés et celui des assiégeans : mais combien de fois les Français eux-mêmes ne se sont-ils pas chargés d'apprendre aux étrangers à transiger sur ce point avec les préjugés.

A Mantoue, en 1796, il y avait une armée de près de vingt mille Autrichiens, et le siège en fut fait avec moins de huit mille Français qui eussent pris la place en moins d'un mois, sans l'arrivée d'une nouvelle armée ennemie de quarante-cinq mille hommes.

A Dantzig, en 1807, il y avait dix-sept mille hommes de garnison, restes de l'élite de l'armée prussienne; et ils furent pris, après une longue et honorable résistance, par une armée de quinze à dix-sept mille hommes, composée de troupes confédérées de différens états.

Ces exemples et tant d'autres analogues de sièges de diverses durées, mais dont les résultats n'ont jamais été en proportion des sacrifices et des espérances de l'Etat, quand ils n'ont pas été des exceptions produites par le fanatisme religieux ou politique, ont amené à admettre en principe aujourd'hui, qu'il ne faut que de petites ou moyennes places, à l'exclusion des grandes; parce que leur puissance d'action étant nulle, par la mauvaise composition des garnisons, il ne faut de places que pour les dépôts et magasins; ces places résisteront ce qu'elles pourront; le but doit être de faire pour elles le moins de dépenses et de sacrifices possibles.

Voilà donc l'impuissance des fortifications avouée par l'aréopage de la guerre, et parce qu'on n'a pas su trouver le principe de la puissance, on accuse la composition des garnisons, pour autoriser la suppression des grandes places! Pour nous, nous sommes parfaitement d'accord sur la déception, mais nous n'en conclurons pas qu'il ne faut pas de grandes places ; et nous ne serons pas assez injustes pour accuser les garnisons d'une impuissance qui est essentiellement du fait de la fortification. C'est donc à la fortification qu'il faut s'en prendre ; ce sont ses doctrines qu'il faut changer pour la mettre au service du soldat. Nous allons tâcher d'en exposer les racines dans les chapitres suivans.

CHAPITRE 2.

—

DOCTRINES SUR LA FORTIFICATION EN GÉNÉRAL.

Il est dans la nature, au physique comme au moral, que les produits sont les conséquences des principes qui les créent ou qui les développent : s'ils sont vrais, il suffit d'un sens droit pour en déduire tout ce qui se trouve dans la capacité du problème ; s'il sont faux, le talent peut subvenir à une partie des besoins ; mais il ne les satisfait pas complètement, parce qu'il ne peut imprimer la puissance de l'action à ce qui n'en a pas les organes.

La fortification du premier âge a été, comme aujourd'ui, une puissance au moyen de laquelle le faible a cherché à se mettre en sûreté contre le plus fort : elle est fille de l'industrie, qui sut, dès son origine, interposer des obstacles naturels ou artificiels entre le défenseur et l'assaillant.

Jusqu'à l'époque de la découverte des grosses machines de guerre et de l'artillerie, elle a pu, sur certains points, être saluée du titre d'imprenable par la force seule d'inertie de ses masses : mais depuis que l'attaque a su marcher et détruire, en roulant pour ainsi dire ses parapets devant elle, l'existence de la fortification, en présence de l'ennemi, a été réduite, à très-peu d'exceptions près, au temps matériellement nécessaire pour développer et parachever les travaux de l'assiégeant : parce que le défenseur ne pouvant changer les dispositions de ses masses, en raison de celles qui se meuvent autour de lui, et ne pouvant les franchir pour faire irruption sur les attaques, sans en être pres-

que toujours puni à la sortie et à la rentrée
qui ne se fait que par des défilés dont le
parcours est un temps à défalquer de la puissance de l'action, la stupeur vient étouffer le
sentiment de sa force réelle, et la détruit
effectivement par l'impuissance de faire un
emploi utile de ses facultés physiques et guerrières. Si l'on ajoute que le soldat, loin d'être
une machine, est un être intelligent, pétri
des vertus comme aussi des infirmités du caractère national de son époque, on concevra
que son dévoûment dépend de la mesure et
de la qualité des armes et moyens dont il doit
être pourvu pour l'exercice de ses devoirs.

Ainsi donc avant et au lieu de disserter
abstractivement sur des combinaisons de
lignes, et sur des dimensions d'escarpes et
de fossés, il faut préalablement étudier, analyser et mesurer les facultés et la puissance
du soldat à qui on doit confier la défense des
fortifications. Telle nation réclame pour l'emploi possible de ses défenseurs. ce qui, chez
une autre, produirait l'impuissance. Telle

nation doit compter sur la force physique de ses habitans, de préférence à leur force morale. La France, par exemple, a au contraire plus à attendre de la force morale et du génie de ses habitans, que de la force musculaire des individus. Le courage et l'amour de la gloire sont chez elle des vertus qui se reproduisent de la chaleur du sang et de l'exaltation de l'imagination : mais aussi ce mélange d'héroïsme et d'infirmités nerveuses, si l'on peut le caractériser ainsi, en lui donnant plus d'intelligence dans l'exercice de ses devoirs, l'entraîne aussi facilement soit vers l'exaltation, soit vers le découragement, suivant que le soldat se sent ou non en possession de ses armes et de ses facultés guerrières.

La fortification qui doit stipuler sur les qualités et sur les infirmités du soldat, doit donc éviter tout ce qui entrave l'expansion ou l'irruption de ses armes et de ses facultés, de même qu'elle doit pourvoir aussi à la sûreté matérielle de la position contre les attaques violentes et du grand nombre. Ainsi puissance

d'action au dehors, et sécurité au foyer ;
voilà la devise du problème à résoudre.

Pour la puissance d'action , le caractère
national qui résiste moins qu'un autre à une
surprise , n'aime pas non plus à être engagé
de pied ferme. L'imagination du Français se
monte en allant chercher l'ennemi; elle se
développe dans les manœuvres. Il faut donc
lui aplanir les obstacles qui se trouvent interposés entre lui et l'ennemi; il faut qu'il
les retrouve à sa disposition toutes les fois
qu'il croit en avoir besoin. Les foyers solides
et enveloppés d'un rideau couvrant et à contre-pente praticable, à l'abri duquel il puisse
se développer et se réfugier, sont un principe de la solution du problème : les remparts
enveloppés de chemins couverts sans ban-
quette, ont pu être l'expression du principe;
mais elle s'est éteinte et perdue complètement quand on a adossé des parapets palis-
sadés aux chemins couverts. Par là, on a
sacrifié le mobile de la puissance réelle à une
vaine apparence de solidité de position, dont

l'ennemi a tout l'avantage. On s'est privé de
la force expansive des sorties pour s'en tenir
à la résistance convulsive et crispée de pied-
ferme : on a donc positivement fait le contraire
de ce que demande le caractère national : aussi
les couronnemens se font-ils à époques fixes
et à la toise courante à-peu-près, avec quatre
sapeurs en tête de colonne.

Cette première position de la question
reconnue dans le principe, que tout foyer de
défense doit avoir une enveloppe d'expansion
et de retraite, on entre ensuite dans l'analyse
des combinaisons de haute stratégie balancées
avec les besoins du caractère national dans la
position spéciale de la défense. Cette position
qui est évidemment l'opposé de celle des conquêtes, produit et nourrit naturellement des
réflexions qui lui sont analogues, et que je
n'ai pas besoin de décrire ici. Il faut donc
que le soldat qui sait qu'il ne peut prétendre
à satisfaire ses vœux dans les éventualités de
la guerre de campagne, trouve au moins,
dans les combinaisons de sa position, une

existence dont les moyens soient proportionnés à ses besoins comme à ses forces morales
et physiques. Il faut qu'il ne soit pas cons-
tamment sous la portée des armes et des
menaces de l'ennemi ; il faut qu'il ne soit pas
fatigué de l'idée, qu'à chaque instant le salut
commun appelle la présence de tous à la
défense des remparts. Il faut au contraire qu'il
ait une confiance telle, dans sa position,
que son repos et ses plaisirs soient complètement à lui. Il faut enfin qu'il soit plein de
l'idée que, s'il est séquestré pour un certain
temps, de la masse de l'armée, sa position a
du moins une frontière que l'ennemi ne
pourra entamer qu'avec de grands efforts et
des pertes considérables comparativement
aux siennes.

La solution de ces besoins combinés avec
ceux du caractère national français, demande,
indépendamment du corps de la place qui
est l'asyle de sûreté, de repos et de délas-
sement de ceux qui ne sont pas de service,
demande, disons-nous :

1° Des champs de bataille extérieurs, où se livreraient les combats dont le sort ne doit, en aucun cas, compromettre immédiatement le corps de la place ;

2° Des foyers d'existence à l'horizon de la portée de ses armes, pour créer une atmosphère de puissance au-dehors, et de paix au centre. C'est dans le produit de ces doctrines et de ces combinaisons, qu'on trouvera à satisfaire à la puissance de la défense, dans les limites de l'emploi possible du soldat d'aujourd'hui. Son service y sera réglé modérément ; il y aura des occasions de succès et de gloire, parce que le terrain sera façonné pour son service ; il y pourra cesser le combat toutes les fois qu'il le croirait au-dessus de ses forces : il y trouvera le repos et des délassemens quand ils lui seront nécessaires ; et la jouissance éprouvée de toutes ses facultés, en lui donnant le sentiment de ses forces, lui fera un jeu des actions de vigueur, qu'il ne peut risquer dans notre système actuel, sans en être presque toujours la victime.

En effet le système en usage qui ne place sa puissance que dans le matérialisme colossal de ses formes, sans aucune acception de mesure pour les facultés morales et physiques de l'homme, ne produit qu'une résistance de pied-ferme, conséquemment crispée et convulsive, au lieu de la puissance d'expansion qui résulterait de la combinaison des fortifications avec le libre emploi des facultés organiques et guerrières du soldat. Peu importe, pour le moment, la Graphométrie du problème : quand on sera d'accord sur les doctrines, les systèmes qui en surgiront n'auront qu'à se combiner, pour obtenir les qualités prescrites, aux conditions les plus simples, les plus économiques et les plus robustes. C'est cette absence de doctrines qui, après nous avoir laissé imposer le système en usage, le protège, depuis, contre l'opinion de ceux qui en ont subi ou prévu l'impuissance.

Dans le Chapitre suivant, nous allons rechercher et indiquer quelles doivent être la nature, l'échelle, la membrure enfin des corps qui entrent dans l'ensemble de la fortification.

CHAPITRE 3.

—

Il y a deux choses dans l'exposé d'un problème; la première est le tableau de l'objet et du but qu'on se propose d'obtenir: la seconde est la nature, l'analyse et la mesure des moyens par lesquels on crée les ressorts et les corps qui en établissent l'ensemble.

Si nous avons vu, dans les chapitres pré-cédens, que, faute de doctrines établies ou avouées, le système actuel de nos fortifications prescrit impérativement en dehors des conditions de la nature humaine de notre époque ; nous allons voir encore que, faute de doctrines, les détails dont se composent les ouvrages, nous ont successivement amenés à des dimensions extrà-nécessaires, dont l'exécution est d'un prix énorme, et dont l'existence est aussi pauvre de vie qu'elle est riche de difficultés vaincues, quant à l'architecture proprement dite.

La première qualité dans une arme ou dans une machine quelconque, est qu'elle soit maniable ou facile pour celui qui s'en sert, en même temps qu'elle soit robuste à l'usage. La fortification doit posséder les qualités analogues. Sa nature se compose de l'obstacle et de la puissance d'action de cet obstacle, isolée ou combinée avec celle de l'ensemble du système de la place.

La première condition, dans un obstacle, est qu'il impose, par sa présence d'abord ;

et qu'il grandisse en puissance, en raison de l'appui qu'il prête ou qu'il reçoit des troupes ou des pièces qui doivent le protéger pendant l'action. Pour remplir sa destination de puissance couvrante et répressive, il doit, pendant l'action, recevoir une protection, de nature à lui apporter une énergie vitale, croissante en raison du danger dont il est menacé.

En fortification il y a donc l'obstacle matériel et la puissance d'action de cet obstacle. Un parapet, une escarpe, un fossé, des palissades, des haies, de l'eau sont des obstacles : livrés à eux-mêmes ou protégés par une puissance de la nature de celles qu'on appelle de contre-buttée catégorie dans laquelle on doit nécessairement classer celle des défenseurs et des armes qui agissent de position et en arrière ; leur valeur, quelque grandes que soient leurs dimensions, sera en raison inverse de la puissance des attaques qui marchent dessus avec des tranchées pour cuirasses contre les armes de la place, et avec de l'artillerie, des pioches et des fascines pour démolir et aplanir l'obstacle, s'il n'est qu'interposé et neutre.

Ainsi l'obstacle, par lui-même, n'est presque rien, s'il n'est protégé par une puissance qui puisse s'interposer entre lui et les attaques. Cette puissance ne peut être que mobile par sa destination. Nous ne traiterons pas ici des conditions de son opportunité; il s'agit, pour le moment, de la valeur de l'obstacle qui étant peu de chose par lui-même, doit cependant grandir et remplir complètement son but, par la combinaison avec les autres parties de l'ensemble, plutôt que par les proportions gigantesques de ses formes.

S'il était besoin de justifier le motif de la question, nous rappellerions qu'on a vu les plus hauts remparts escaladés d'assaut; qu'on a vu aussi d'humbles retranchemens de campagne sortir sains et saufs de cette périlleuse épreuve; qu'on a vu enfin des remparts escaladés, redescendus et abandonnés par suite de terreurs ou de réflexions survenues après l'enlèvement des ouvrages.

Il peut être commode sans doute d'en conclure que cela ne dit rien, en se débarrassant de la question par des éloges pour les uns aux dépens des autres : mais ici nous cherchons consciencieusement des causes pour en tirer des doctrines. Nous dirons donc, en prenant ces divers événemens pour des faits accomplis par des hommes qui ont été ou pu être acteurs dans les uns et dans les autres, qu'il y a autre chose que l'obstacle lui-même dans le dénouement des opérations de ce genre; et c'est encore la nature humaine qu'il faut interroger pour la trouver.

Le soldat se présente à une action périlleuse par devoir et pour le culte de la gloire : il y est du reste plus ou moins disposé, selon la confiance qu'il a dans le succès. Le succès dépend de la mesure de l'effet à faire, qu'il a calculé d'avance, qu'il dépasse même souvent pour l'accomplissement de l'action qui lui est prescrite. Mais si l'exécution se complique; si, au dénouement de l'action, il survient ou se rencontre des incidens ou des obstacles qu'il n'a pas prévus, ou qui exigeraient un nouvel effort; il est presque certain qu'il échouera, et que c'est le découragement qui sera la cause et le résultat de la défaite. Nous en avons eu des exemples au siège de Saint-Jean d'Acre en Syrie, et depuis à Saragosse où une division, après avoir enlevé à l'escalade l'enceinte bastionnée d'un fort, revêtu de sept mètres de hauteur environ, se trouvant surprise par une fusillade au travers d'un mur de clôture de jardin qui n'avait pas trois mètres de hauteur, évacua le fort par les échelles au moyen desquelles elle l'avait emporté.

Il est donc dans la nature humaine des limites à sa puissance; et la réflexion nous indique que cette limite est imposée, moins par les dimensions de l'obstacle qui la détermine, que par l'opinion qui pâlit devant ce qu'elle n'a pas prévu, comme aussi devant un renouvellement d'efforts même quand le premier a été satisfait.

C'est ce sentiment que l'on classera, si l'on veut, dans les infirmités de l'espèce humaine, qui, pour la guerre de campagne, où nous devons puiser nos leçons, place les principes de la stratégie et de la tactique dans la puissance des mouvemens et des réserves, pour s'assurer le dernier acte ou effort de l'action.

Si ces principes sont admis et avoués, on reconnaîtra aussi que la succession des mouvemens et des réserves, dont le vainqueur, en campagne, peut accabler le vaincu, parce que là l'espace est pour lui, se trouve au contraire au profit de la garnison ou des défenseurs d'une place de guerre, quand le champ de bataille est resserré, pourvu et organisé proportionnellement aux besoins et au nombre de ses défenseurs.

Ainsi donc la défense doit préférer le redoublement à la grandeur des obstacles : mais elle doit admettre aussi que, puisque le mouvement est l'âme de la puissance, elle doit tâcher d'y faire participer même la matière des ouvrages et des obstacles, soit en les organisant de manière qu'ils se dérobent d'eux-mêmes à l'assiette ou à l'action des attaques, soit en procurant aux défenseurs la faculté de s'interposer eux-mêmes entre l'attaque et l'ouvrage, suivant les circonstances et les besoins du moment.

Après avoir posé le principe de la double enceinte, en quelque sorte mobilisée par l'emploi possible et facultatif des troupes tant à l'intérieur qu'à l'extérieur, et après avoir démontré à quelles considérations doit se rattacher la membrure à donner aux obstacles, nous aurions à évaluer les dimensions nécessaires aux hauteurs d'escarpe et aux largeurs de fossés qui sont les élémens principaux de la théorie de l'école, et des auteurs de fortification : mais ce travail, trop considérable pour être textuellement traité ici, appartient à l'ouvrage principal dont la solution présente le tableau ci-après des valeurs comparatives du système en usage, et de celui que nous proposons.

	COMPARAISON DES VALEURS			
	DU SYSTÈME de Cormontaigne.		DE L'ESSAI de fortification spéculative.	
	Prix	Valeur défensive.	Prix.	Valeur défensive.
	francs.	jours.	francs.	jours.
Pour l'hexagone, 3ᵉ ordre des places.	12700000	18	8000000	63
L'octogone, élevé au 2ᵉ ordre.	16500000	23	14000000	100
L'ennéagone.	19100000	25	17000000	100
Place du 1ᵉʳ ordre équivalant à 16 fronts et une citadelle de 5 fronts.	57200000	45	37200000	180

Tableau qui présente en faveur du système proposé : sur l'hexagone, une économie de construction de quatre millions sept cent mille francs, et plus de trois fois la résistance de celui de Cormontaigne ;

Sur l'octogone élevé au second ordre, une économie de construction de deux millions

cinq cent mille francs, et plus de quatre fois
la résistance du système en usage ;

Sur une place de premier ordre une économie de construction de vingt millions, et
quatre fois autant de résistance.

Ces résultats, dont les conséquences sont
incommensurables, puisqu'ils multiplient la
puissance de l'Etat avec l'économie des
finances et des garnisons, s'obtiennent cependant sans efforts extraordinaires, par la valeur
combinée des obstacles et des facultés dont
le soldat est pourvu et qu'il ne s'agit que de
développer au lieu de les comprimer.

CHAPITRE 4.

—

DES LOIS DANS LESQUELLES ON DOIT CHERCHER L'ASSIETTE DES DIFFÉRENS ORDRES.

Pour compléter le Tableau des conditions
et des qualités dans lesquelles on doit développer les besoins et la science de la fortification, il nous reste à consigner ici quelques
doctrines sur l'assiette des places de guerre
en général.

Nous avons vu dans le cours de ce mémoire
à quelles conditions la fortification pouvait
obtenir l'âme ou les élémens de la puissance :
nous allons maintenant déterminer l'équation
des combinaisons dans lesquelles on trouvera
l'apogée des conditions et de la puissance
des places.

Jusqu'à présent l'assiette et l'enceinte d'une
place forte n'ont été qu'une chaîne de fronts
typés sur un modèle multiplié par N, et développés, soit sur ce qu'on appelle un polygone
régulier, soit sur les désirs balancés de la
poposition. On a cru avoir satisfait aux conditions imposées à sa création, quand on a
eu trouvé l'enclôture et l'équilibre à-peu-près
de la force de l'enceinte dans les limites les
plus rapprochées possible de l'assiette prescrite. Il en est résulté qu'on a fait des places
de vingt-cinq fronts, comme des places de
six à huit fronts ; que la dépense qui suit au
moins la progression du développement, ne
fait bénéficier la défense que de quelques
misérables jours, au bout desquels la garni-

son qui a été proportionnée à l'étendue de
la place, est obligée de capituler avec les
trois quarts quelquefois de son effectif pri-
mitif sous les armes, parce que le front et
le champ des attaques n'augmentant pas en
raison du développement de la place, les
scènes du siège dévorent l'espace à parcourir,
à quelques plus ou moins de difficultés près,
dans le temps matériellement nécessaire pour
traverser cinq à six cents mètres entre la
première parallèle et les remparts de la place.
Il est cependant tout naturel et tout simple
de supposer qu'une grande place qui coûtera
quatre, cinq et dix fois plus qu'une petite,
doit produire, pour sa valeur représentative,
plus de cinq, dix, et même quinze jours de
résistance de plus qu'une petite place. Il est
dans les idées du gouvernement qui ordonne
la construction d'une place, que son existence
réponde aux espérances et aux conditions
qui en déterminent la création.

Si donc, quoi qu'on en dise, et comme
nous croyons l'avoir démontré, le système
de nos places actuelles ne répond pas aux

besoins de notre époque, il faut franchement renoncer aux défectuosités qui le pourrissent, et chercher à le recomposer dans les élémens de nos besoins et facultés nationales actuels.

Toute place de guerre est projetée pour les conditions suivantes, isolées ou réunies ;

1º Elle doit être offensive ou défensive, ou l'un et l'autre à la fois. Dans le premier cas, elle doit être le plus près possible de la frontière et sur les points d'où on peut déboucher dans le pays ennemi. Dans le second cas, elle doit être dans l'intérieur, à une distance de la frontière telle qu'elle ne puisse être ni surprise ni inquiétée dès les premiers jours qui suivraient une bataille perdue à la frontière. Il faut qu'elle soit une puissance que l'ennemi n'aperçoive pour ainsi dire que lorsque l'exaltation de son succès commençant à s'affaisser dans la lassitude, se dissout précipitamment devant la sphère d'action de la place : l'amplitude de cette distance peut être évaluée à six ou huit jours de marches ou de manœuvres.

2° Elle doit être magnétique ou simple-
ment répulsive. Dans le premier cas, elle doit
attirer toutes les opérations et toutes les forces
de l'ennemi, sur un rayon de vingt à vingt-
cinq lieues. Et elle doit dès-lors être combinée dans les principes généraux de la grande
tactique actuelle de la guerre; son assiette
doit se prêter aux grands rassemblemens,
comme aussi elle doit pourvoir à ses besoins
personnels, avec une garnison ordinaire. Dans
le second cas, son assiette doit être la plus
resserrée et la plus robuste possible, et on
doit s'interdire de la compromettre par des
développemens au-delà de l'atmosphère indispensable à son existence.

Les places qui peuvent cumuler plusieurs
des conditions que nous venons d'énoncer,
sont d'autant meilleures et utiles.

Quant à l'assiette particulière ou personnelle
des places, elle doit pourvoir, par une résistance proportionnée, à l'importance de l'ordre dans lequel on la crée. Nous laisserons

de côté les forts et fortins, dont l'exiguïté
ne comporte pas le nombre d'hommes suffi-
sant pour organiser la défense dans le principe de la puissance par expansion, et qui
par conséquent ne peuvent être que ce qu'ils
sont, des lazarets à résistance de pied-ferme
avec toutes les déceptions qu'occasionne un
foyer qui est l'égoût non interrompu de
l'artillerie assiégeante, et qui ne permet aucun
repos à moins qu'ils ne se trouvent être les
annexes de quelque grande place, auquel
cas, ils deviennent au contraire des foyers
à puissance excentrique.

Nous partirons du troisième ordre des
places, de l'hexagone, qui peut déjà entrer
dans les combinaisons d'une existence développée dans l'action de deux ou trois petits
foyers extérieurs, à l'horizon de la portée
des armes du corps de la place.

Nous dirons que cette place qui comporte,
dans le système en usage, une garnison de
cinq mille quatre ou cinq cents hommes,

peut et doit avoir une existence de soixante
à soixante-dix jours, au lieu d'une agonie
actuelle de quinze à dix-sept jours, en présence d'une armée assiégeante de quinze à
vingt mille hommes.

En effet les gardes journalières proprement
dites, n'employant que sept cents hommes
environ, il reste quatre mille sept cents
hommes pour les renforts des postes et pour
les consommations du siège. Or il est évident
par l'histoire, qu'un siège de quinze et même
vingt jours ne peut les consommer. Loin
de moi, sans doute, l'idée de mettre cette
consommation dans les conditions de la garnison ; mais je pense et je dis qu'avec une
telle masse d'hommes, qu'on ne peut réduire
sans annuler par le fait la place elle-même,
on doit leur procurer une existence qui
use au moins soixante à soixante-dix jours
d'attaques.

On sait qu'avec trois mille hommes on
pourvoit aux besoins d'une attaque pendant
tout un siège, c'est-à-dire aussi que le tiers

de repos y est compris. On sait encore qu'on peut fortifier un poste de trois à quatre cents hommes, de manière qu'il ne puisse être enlevé d'assaut, et, à plus forte raison, si ce poste peut être secouru, protégé et renouvelé à tous besoins. Il ne s'agit donc que d'asseoir deux ou trois de ces postes hors de l'enceinte de la place, pour y fixer les orages et les consommations de la défense ; avec cet avantage immense, pour le bien-être de la garnison, que pendant tout le temps de leur résistance, le corps de place sera hors de cause et l'asile de repos de ceux qui auront été relevés de service. C'est le seul moyen d'obtenir des défenses prolongées, par l'entretien des forces physiques et morales de la garnison, d'une part; et par le double ou le triple de chemin à parcourir pour les attaques de l'assiégeant.

Les places du second ordre, l'octogone, l'ennéagone et le décagone, doivent, à plus forte raison, être traitées dans le double principe de la puissance des hommes, développée

par les dispositions défensives : c'est le même
système d'une enceinte redoublée et robuste
pour le corps de place, entourée d'une atmosphère assurée par deux ou trois têtes à couronne renforcées, à la distance de mille ou
douze cents mètres de la place, et qui formant
des positions magnétiques ou le sommet des
camps retranchés, procureraient aussi le grand
avantage de contenir entre la place et les
têtes à couronne, des faubourgs allongés,
qu'il est si difficile d'empêcher auprès des
villes populeuses, qu'il est si dangereux et si
désastreux de laisser former hors de la police
de la place, et qu'il serait si précieux d'avoir
à sa disposition pour le logement des troupes
du camp, et pour les provisions de toute
espèce qui peuvent y exister ou y être réunies
soit par le commerce, soit par les ordres et
les expéditions de la garnison.

Ces places du second ordre, avec six ou
huit mille hommes de garnison, doivent tenir
cent jours de tranchée ouverte, contre une
armée qui doit être d'autant plus considérable

que la sphère d'activité qu'on obtient par
les annexes est immense, sans compromettre
la garnison qui s'entretiendra d'autant mieux
qu'étant hors de l'atteinte des projectiles de
l'ennemi, elle pourvoit par les points les plus
petits possibles à la sécurité et à l'énergie de
l'ensemble.

Si nous passons maintenant à l'assiette d'une
place de premier ordre, d'une place de quinze
à vingt mille hommes, nous dirons qu'il faut
qu'elle soit l'ancre de salut de la patrie. Elle
doit en commander la conviction au pays
comme à l'ennemi. Il ne s'agit plus ici d'ar-
gumenter sur les ressorts plus ou moins tendus,
sur un bien-jouer plus ou moins habile et
énergique. Elle doit, par son assiette et un
corps de vingt mille hommes, être la tête
de Méduse devant laquelle l'impuissance devient une barrière insurmontable. Je vais
tâcher de justifier cette proposition, car
ceux qui chercheraient l'assertion dans la
physionomie de nos grandes places actuelles,
me traiteraient, avec raison, de visionnaire.

Si nous jetons un coup-d'œil sur le type de nos places actuelles du premier ordre, nous voyons d'abord qu'elles se composent en général d'une vaste enceinte, plus ou moins fortement constituée, et rattachée à une citadelle qui leur sert de réduit. Leur objet, leur but, comme leur valeur normale, paraît n'avoir pour élément de leur force que le grand développement de leur enceinte, et la nombreuse garnison qu'on y dépose. Aussi leur avantage réel et peut-être unique sur les ordres inférieurs, est, ou d'éloigner d'elles le théâtre de la guerre, si l'ennemi n'est pas assez fort pour les masquer, ou d'appeler sur elles une masse d'hommes et de moyens, dont le nombre, la réunion et les dépenses puissent influer sur l'existence de l'armée qui serait obligée de les fournir, de neutraliser enfin et d'arrêter la marche des conquêtes.

Ces résultats sont positifs, en temps que ces places ne sont pas entourées d'obstacles, comme grandes inondations qui en s'opposant aux grandes manœuvres permettraient à l'ennemi de diminuer et de concentrer ses forces sur les points où il aurait à craindre des sorties : mais ils ne le sont, positifs, que pour le temps des blocus ou préparatifs du siège : car dès que les attaques sont ouvertes, la durée de la défense n'est guère plus longue que celle des polygones inférieurs : l'assiégeant n'y fait guère plus de consommations, proportionnellement parlant, et la place se livre par capitulation, avec un matériel et un personnel qu'on n'a pas eu le temps d'user à sa défense, et dont les résultats sont désastreux, parce que le vainqueur bénéficie et renaît, pour ainsi dire, de toutes les ressources qu'il y trouve.

Pour prolonger la défense, on renforce en général ces places par une citadelle qu'on a soin de constituer et de placer, autant que possible, de manière que l'ennemi ne puisse l'attaquer avant la ville, à laquelle elle doit survivre. Elle est censée devoir donner de l'énergie à la défense, et servir d'asile en cas de besoin : mais il faut en convenir, toutes ces belles promesses de garanties ne sont que des rêves qui font des dupes et des victimes au jour où il faut en user.

D'abord malgré le surcroît d'énergie qu'on donne aux citadelles, sur le reste de la place, il arrive quelquefois que c'est à elles que l'ennemi s'adresse de prime-abord, parce que leur prise les met, par ce seul siège, en possession de toute la place. Si l'ennemi attaque la ville avant la citadelle, la défense et ses résultats n'en sont guère plus grands ni moins périlleux : on peut au contraire donner pour certain qu'ils sont de beaucoup au-dessous des sacrifices qu'on y fait : car en supposant, ce qui est vrai presque partout, que le développement d'un front d'attaque sera, avec celui de défense, dans les rapports ordinaires, la durée de la défense sera à-peu-près la même que celle des ordres inférieurs. Le plus grand nombre des défenseurs sera contre-balancé par le plus grand nombre des attaquans: le plus grand nombre d'armes de la place, non pas en développement, puisqu'il est toujours moindre que celui de l'assiégeant, mais en remplacemens successifs, sera encore dévoré par celles de l'assiégeant, faute d'abris convenables sur les remparts. Ainsi donc les grandes consommations seront du côté de la garnison.

Cependant lorsque la brèche sera faite, la place capitulera : la citadelle, souvent très-éloignée, n'est pas une garantie contre la chance des assauts au corps de la place : elle ne peut retirer les habitans, femmes et enfans, qu'on ne peut, absolument parlant, exposer à un pareil événement. On a beau dire qu'un gouverneur ne doit ni interpréter sa consigne, ni en considérer les désastres ; c'est au moins un devoir de plus au gouvernement de lui donner les moyens de l'exécuter sans compromettre la vie, l'honneur et le repos des familles bourgeoises : autrement, il ne manquera pas de prétextes plausibles pour capituler dès que la brèche au corps de place sera praticable et menacée.

Il restera à la vérité la citadelle qui exigera un second siège; mais le gouverneur ne pouvant s'y retirer qu'avec trois ou quatre mille hommes, sera obligé de recommander le reste de ses troupes à la générosité du vainqueur.

Voilà donc une place de vingt mille hommes de garnison, livrée, la citadelle exceptée, après un siège presque ordinaire en durée, avec dix mille hommes portant les armes, et trois mille malades ou blessés. Et ce corps de dix mille hommes sera livré au choix par cette première capitulation.

Cependant le siège de la citadelle ne sera plus qu'une amusette qui occupera d'autant moins d'assiégeans, qu'indépendamment du petit nombre qu'on aura pu y retirer, la capitulation portera nécessairement une clause de neutralité pour le côté de la ville.

Il répugne sans doute aux principes comme aux sentimens de l'humanité d'établir et de mesurer la valeur des fortifications sur la consommation et la durée de consommation des hommes; mais enfin c'est un sacrifice auquel les militaires sont résignés, et ce n'est pas la moindre ni la seule de leurs vertus.

Nous dirons donc qu'une place ne devrait jamais être rendue par le fait des fortifications, avec douze ou quatorze mille hommes sous les armes, et qui ont encore des munitions et des vivres. Nous dirons qu'une place, quelque grande qu'elle soit, qui met dans le cas de capituler pour la première brèche qui se fait à son enceinte, a un vice d'organisation que sa dépense rend intolérable, et qu'une citadelle de quatre ou cinq bastions, pour une grande place, n'est pas en proportion avec ses besoins. L'assiette générale d'une semblable place est donc aussi fausse que le type particulier des fronts en usage. Il en faut donc sortir et s'élancer dans les combinaisons où l'on puisse trouver le foyer commun entre la durée de la défense, l'économie et la sûreté matérielle des habitans, qui ne doivent jamais être livrés à la

brutalité des vainqueurs. Nous ne départirons
pas des bases que nous avons énoncées :

1° Qu'une place du premier ordre doit être
l'ancre de salut de la patrie.

2° Qu'elle doit être combinée de manière
qu'elle soit défensive avec la garnison qu'on
lui assigne communément, c'est-à-dire , dans
les limites de dix-huit à vingt-cinq mille
hommes.

3° Qu'elle puisse servir de dépôt, et contenir au besoin les levées nécessaires à une
nouvelle armée.

4° Que la santé physique et morale de la
troupe et des habitans ne reçoive aucune
atteinte par les menaces et les armes de l'assiégeant , même pendant les orages les plus
rapprochés des attaques.

5° Que l'investissement en soit presque impossible par l'étendue de sa sphère d'activité.

6° Enfin, que le siège en soit moralement interminable, et ne compromette jamais les habitans.

Le canevas d'une place qui paraît devoir satisfaire à toutes ces conditions est :

1° D'avoir la citadelle au centre, et de composer l'enceinte de la ville de deux ou trois quartiers bien séparés, et rattachés à la citadelle qui en sera le nœud commun.

2 De compléter l'assiette générale et extérieure de la place par trois têtes à couronne lancées à quinze cent ou deux mille mètres en avant du polygone extérieur, de manière à l'encadrer à-peu-près dans un triangle, et de lier enfin les têtes à couronne à la place, par des camps retranchés qui en contiendraient les faubourgs.

Par cette disposition qui paraît gigantesque, sans excéder les facultés d'une garnison de vingt mille hommes, et dont la dépense comparée avec celle d'une place du système de Cormontaigne d'un même nombre de fronts, présente, comme nous l'avons vu plus haut, une économie de vingt millions, l'investissement exigerait huit à neuf lieues de développement, tandis que la place présenterait sur chacun de ses trois côtés un front de cinq mille mètres environ de lignes qui ne seront attaquables que par leur extrémité, ou, pour parler plus vrai, que l'ennemi n'a point d'intérêt à enlever ailleurs que par les extrémités, parce qu'il ne saurait s'y maintenir tant que les têtes à couronne ne seraient pas en son pouvoir.

Nous avons vu que nos places actuelles du premier ordre étaient obligées de livrer à l'assiégeant la majeure partie de la garnison pour une brèche au front d'attaque : dans la disposition que je propose, on ne sera jamais forcé de capituler avant la fin du troisième siège. Les deux premiers sièges composés d'une ou de deux attaques, seront d'autant plus longs que le système que je

propose est plus robuste; qu'on y défendra
les brèches et les maisons, parce qu'on les
fera évacuer selon les circonstances, et au
fur et à mesure des besoins. Les sièges d'Es-
pagne nous donnent sur ce genre de guerre
défensive, des espérances d'autant plus fon-
dées, que nous avons l'avantage de pouvoir
en isoler les habitans.

Nous avons vu que la citadelle, dans nos
places actuelles, ne pouvait retirer ni les
habitans, ni même les troupes restantes après
la prise de la ville; dans la disposition que
je propose, on peut la réduire à une caserne
défensive, revêtue de trois ouvrages à corne,
dont la combinaison intégrée et antée sur
l'enveloppe des casernes, présente pour l'ensemble l'assiette de la meilleure fortification.
Son exiguité n'est plus un défaut, puisqu'elle
réserve deux ou au moins un quartier pour
retraite aux troupes et aux habitans.

Mais on dira : Pour construire une place
d'après ce système, il faudrait détruire pres-

que toute une ville ; les grandes places s'établissent d'ordinaire où il y a de grandes cités ;
et il s'y trouve souvent pour plusieurs millions
de travaux faits, qui sont autant d'économies
à faire sur la place projetée , et par le moyen
qu'on propose on se ruinerait à payer des
démolitions, et l'on réduirait à presque rien
ce qui resterait des habitations et des an-
ciennes fortifications.

Je répondrai que sans rien ou presque rien
démolir de la ville et de ses fortifications, il
faut établir la citadelle à une extrémité, et
former de la ville un des quartiers de l'enceinte. Les autres portions de la place seront
par la suite des villes neuves. Si même l'assiette de la ville ne se prêtait pas suffisamment aux conditions que l'on demande, il
ne faudrait pas balancer à la laisser en dehors,
sous le canon de la place où elle servira de
faubourg retranché. En général il faut se
méfier de ces grandes villes entourées d'une
enceinte quelconque : pour vouloir ménager
quelques millions, on en dépense souvent

trop à habiller décemment de la décrépitude, et l'on perd encore toutes les qualités qu'on se fût acquises au même prix.

Il convient encore de démontrer qu'une place du type que je propose, tout énorme qu'elle paraisse, n'est pas hors de proportion avec la garnison qu'on lui destine, et qu'elle lui donnera le temps de se consommer, ou disons plutôt, les moyens d'attendre sa délivrance.

On compte qu'une place du premier ordre doit avoir vingt mille hommes de garnison; c'est le terme moyen entre quinze mille et vingt-cinq mille qu'exigent nos places de cet ordre en général.

Nous comptons 5oo hommes par tête à couronne, ci, pour trois.   1,5oo h.^{mes}

Pour chacun des camps retranchés 4oo hommes à employer aux gardes de police, ci, pour trois..   1,2oo

A reporter...   2,7oo

Report...... 2,700 h.^{mes}

Nous compterons par quartier de la place qui équivaut à un hexagone, terme moyen 2,000 hommes, ci, pour trois quartiers. 6,000

Pour la citadelle.......... 900

Enfin il restera disponible dans la place, pour les grandes opérations et pour fournir aux consommations de la défense en toutes armes. 10,400

Total de la garnison.... 20,000 h.^{mes}

Nous voyons donc que, sans compter le service possible et non exposé de la garde nationale, même dans la supposition où l'assiégeant mènerait deux attaques à la fois, on peut, indépendamment des reviremens des troupes dont les points attaqués bénéficieraient sur ceux qui ne le sont pas, et où la garde nationale suppléerait en partie, on peut, disons-nous, fournir à chaque attaque un renfort de trois mille hommes et avoir encore quatre mille quatre cents hommes en réservepour les circonstances imprévues, et pour le surcroît d'énergie ou de défense que nous croyons obtenir sur le système en usage.

Nous ne parlerons pas des recrues que l'on ferait, sans doute, dansu ne cité populeuse et qui remplaceraient une partie des pertes de la garnison.

Analysons maintenant ce résultat sous le point de vue des pertes de la garnison. Quoique cette question ne puisse pas être résolue d'une manière fixe, néanmoins on sait quelles sont à-peu-près les pertes de la défense : nous pourrions espérer que les nôtres seraient moindres, par les qualités et les abris que nous croyons avoir obtenus : mais à cause de sa plus longue défense, nous supposerons les pertes les mêmes. Le système et les dispositions que je propose ont au moins cet avantage que, dans chacun des sièges successifs qui préluderaient à la conquête de la place, le gouverneur peut à-peu-près faire

ses combinaisons de manière à ne pas dé-
passer, à moins d'événemens imprévus, les
consommations moyennement reconnues. Il
n'a pas de coups désespérés à risquer, parce
qu'il a des ressources en réserve et qu'il
peut attendre sa revanche. De même dans
la guerre de maisons, s'il s'y trouve engagé,
il réglera son entêtement et la durée de cette
espèce de guerre sur les consommations qu'il
pourra faire sans entamer les troupes qu'il lui
faut réserver pour l'énergie des enceintes
qu'il aura encore à défendre, et qui per-
draient leur valeur comme celles des quartiers
engagés, si l'on s'obstinait à consommer sur
un trop grand développement.

Revenons à notre sujet, et nous supposerons
que l'assiégeant mènera deux attaques, bien
séparées, car il ne peut attaquer ailleurs que
par les têtes à couronne, et elles sont trop
distantes les unes des autres pour qu'il puisse
les lier. Même si nous admettons cette hypothèse, c'est pour n'être pas taxé de favoriser
le système que je propose : nous pourrions
dire encore ici que c'est assez gratuitement

et seulement pour donner un motif à une réunion de vingt mille hommes que l'on suppose qu'une place du premier ordre peut avoir trois attaques à soutenir. L'assiégeant, quelque fort qu'il soit, et à moins qu'il ne soit mal conseillé, n'entreprend point, par luxe, plus d'attaques qu'il ne lui en faut ; il a bien assez à faire d'entretenir et de pousser celles qui lui sont indispensables. Nous disons donc qu'il ne mènera, au plus, que deux attaques sur nos places actuelles du premier ordre ; l'une sur la citadelle, et l'autre sur la ville. Toute autre est fausse attaque. Et il ne se détermine à en mener deux, que parce que, s'il ne pénètre pas par celle de la citadelle avant celle sur la ville, du moins il en approche d'autant et partage ainsi les moyens de la place.

Dans la combinaison de la place que je propose au contraire, il lui faut trop de moyens et de renouvellemens à une seule attaque pour qu'il puisse en entreprendre d'autres. Il n'a d'ailleurs aucun intérêt à diviser ses forces, puisqu'il ne peut, d'aucune part, s'adresser directement à la citadelle. Mais malgré tous ces motifs et conséquences, nous allons reprendre la série des pertes probables de la garnison en supposant deux attaques menées de front : nous n'aurons à compter que les pertes supposées réelles des différens sièges qui se succéderont, et nous laisserons pour fond d'hôpital, la proportion qui est reconnue résulter d'un seul siège, puisque ceux-ci se renouvelant, les malades se renouvelleront aussi, et auront le temps de rentrer successivement à leurs corps.

Nous dirons donc qu'on peut estimer que la défense de chacune des deux têtes à couronne par lesquelles le siège commencera et qui tiendront quarante jours au moins, coûtera douze cents hommes au plus, et pour les deux..... .... 2,400 h.^mes

Que la défense des deux camps retranchés, en disputant les maisons et les tours-modèles tiendront

____

A reporter....... 2,400

Report...2,400 h.^{mes}

quinze à vingt jours au moins puisque celle des maisons des faubourgs de Dantzig et de Kell, a
duré un mois, supposons qu'on y
perdra.... 1,200

Que la défense du corps de place
consommera par chaque attaque,
et eu égard à l'énergie du système
pour quatre-vingts jours de défense, deux mille cinq cents hommes, et pour deux attaques..... 5,000

Que la guerre de maisons jusqu'aux glacis de la citadelle, sans
pouvoir être appréciée, consommera par chaque attaque supposée de vingt-cinq jours, quinze
cents hommes, attendu que cette
guerre est chicane de postes, et
pour les deux attaques......... 3,000

Que le siège de la citadelle jusqu'à la prise des contre-gardes ou

A reporter... 11,600

Report. . . 11,600 h.[mes]

ouvrages à corne, coûtera dans
l'espace de trente à quarante jours. 2,000

Qu'enfin le nombre des malades
ou blessés à l'hôpital sera, dans la
proportion d'un seul siège, aug-
menté d'un cinquième pour chaque
siège successif, pour amputés ou
incurables, de. 2,400

Les pertes, blessés ou malades
non combattans à l'époque où la
place capitulera seront de. . . . . 16,000 h.[mes]

Ainsi le gouverneur capitulera après un
siège de six mois environ, avec quatre mille
hommes sous les armes, et deux mille quatre
cents malades, ayant pour position au moins
un quartier de la ville intact, pour les habitans, et protégé par la citadelle qui se trouverait au sommet de l'attaque : nous disons
qu'il capitulera ! Mais est-il à croire que
le gouvernement l'abandonnerait à une si
longue lutte sans le secourir ? Est-il à croire

que l'ennemi pourrait soutenir ses attaques, alimenter des travaux aussi immenses ? que la fortune dont les chances sont si mobiles, le soutiendrait dans une série d'opérations dont le succès demanderait six mois au moins de persévérances, d'efforts toujours renouvelés, toujours croissans et de plus en plus périlleux ! Il y a tout à croire que l'assiégeant lèverait le siège sans le terminer.

Si l'on peut compter sur d'aussi vastes résultats pour les places du premier ordre en général, qui seraient faites dans le système que je propose, celles à établir autour de Paris qui ne seraient certes jamais exposées à une épreuve de six mois, et qui, fussent-elles attaquées, seraient imprenables par l'énergie que leur donnerait leur réunion sur un théâtre où l'immensité des moyens s'accroîtrait encore des proportions de la sphère d'activité de l'ensemble, une telle disposition bannit toute idée et toute crainte d'être jamais réduit à y disputer notre existence politique et nationale.

CHAPITRE 5.

—

ESQUISSES DE PLACES DU PREMIER ORDRE POUR
COMPARER LE SYSTÈME PROPOSÉ AVEC
CELUI EN USAGE.

Pour fixer l'imagination par le tableau
dans lequel je pense trouver la solution des
conditions que j'ai énoncées sur l'assiette des
places du premier ordre, je termine ce livre
par deux esquisses: la première est celle d'une
place telle que je la conçois dans sa physionomie d'ensemble; et la seconde est celle
d'une place telle qu'il en existe dans le système actuel de l'école française : chacune de

ces deux esquisses est suivie d'une exposition morale de leur assiette, dont la discussion met réciproquement en comparaison les principes et les erreurs qui les caractérisent.

Le cadre de ces tableaux d'ensemble ne permet pas de figurer les détails du système des fronts. Ce système et ses détails forment un grand ouvrage, et une quantité d'épures ou feuilles de dessin qu'il ne convient pas d'ajouter à cet écrit : c'est d'ailleurs un travail en partie étranger aux vues générales auxquelles ce volume est consacré.

Si les idées que je présente sont accueillies, je produirai le travail et l'analyse du système qui découle des propositions énoncées dans ce volume.

COMBINAISON
d'une Place de premier Ordre
Pour l'Assiette par Masses,
de ses divers quartiers et foyers d'Expansion.
E
H
I
H
I
B
I
A
D
H
I
C
I
I
I
F
I
H
I
I
I
G
B. R.
N.ᵃ le Tracé n'indique que le Système des masses; l'Echelle ne comportant
pas celui des détails particuliers des fronts de la fortification.
Echelle d'un centimètre pour mille mètres.
0   1000   2   3   4   5   6   7   8000 mètres.
500
Lith de Lacurie, à La Rochelle

LEGENDE

A. Citadelle.

B, C, D. Quartiers de la place.

E, F, G. Têtes à couronne.

H. Tours-modèles.

I. Lignes de fortification de campagne formant camps retranchés et communications de la place aux têtes à couronne.

Nota. C'est dans l'intérieur de ces camps retranchés qu'on permettrait l'établissement des faubourgs.

Le type de cette place est une combinaison dont les principes s'appliquent aux terrains en plaine comme aux sites montueux, aux pays de rivière, comme à ceux qui n'en ont pas.

Cette division est un type de principe pour l'énergie des masses, dont l'analogie est dans les lois de la nature, dans les combinaisons du contrat social, et notamment dans le mécanisme de l'organisation de l'armée, qui ne peut être étrangère à celle des fortifications. Et quand on réfléchit sur les leçons qu'on trouve dans ces analogies, on se demande comment on n'en a pas découvert encore la nécessité de l'appliquer à l'assiette des grandes places, surtout. On parle encore de fortifier Paris comme on fortifierait un hexagone, sans s'apercevoir que les grands développemens d'enceinte exigent, pour l'énergie des masses et la responsabilité du chef, des subdivisions analogues à celles d'une armée en différens corps agissant isolément et en combinaison les uns des autres. La division d'une grande place par quartiers est donc un type de principe.

Une place du modèle ci-contre peut être défendue par une garnison de quinze à vingt-cinq mille hommes, et peut contenir au besoin une armée de soixante-dix mille hommes. L'isolement de chacun de ces quartiers rend la défense plus vigoureuse ; il rend aussi la police plus facile et plus sûre : cette disposition rend enfin les devoirs du gouverneur exécutables dans les crises les plus violentes de la défense.

La construction d'une place du type que je propose, peut être faite par parties, qui présenteraient des résultats défensifs croissans à chaque période de sa construction : elle peut être commencée, suspendue, reprise ; suivre enfin les hypothèses d'une création qu'on peut augmenter ou réduire selon les conseils de la réflexion, pendant les périodes successives de sa construction, parce que chacune des parties ou foyers, sont des unités indépendantes les unes des autres, et dont l'existence accroît à l'ensemble, par la souche centrale à laquelle elles se rattachent.

Ce tracé figuratif a pour but de présenter l'assiette de comparaison des surfaces des corps de place et du déploiement de leur enceinte. Il a pour but aussi de fournir dans leur physionomie comparée quelques réflexions générales sur les conditions, les qualités ou les défauts qui influent sur la valeur des places, en évitant dans la discussion toutes celles qui seraient spéciales à une localité particulière et pour ainsi dire personnelle.

Nous voyons d'abord que, sous le rapport des surfaces et des enceintes, les deux places comparées renferment le même espace à-peu-près, à part celui qui accroît à la masse du système que je propose, par les foyers excentriques qui constituent une atmosphère extérieure à l'enceinte générale du corps de la place.

La figure du tracé qui est mise ici en comparaison avec celle du type que je propose, a une analogie de caractère qui ne saurait échapper à l'observation ; c'est sa

TRACÉ FIGURATIF
d'une Place de premier Ordre
existante
Pour comparer les conditions et les qualités morales
de son assiette, avec celles du système que je propose.

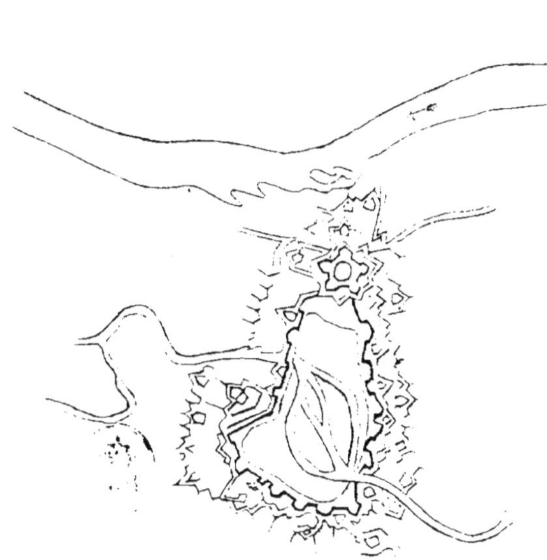

forme générale triangulaire comme principe de son assiette. Cette pensée, essentiellement juste, a été tout ce qu'elle pouvait être au temps de sa création, à cause de la doctrine routinière des proportions du flanquement à la portée des petites armes : mais en rendant à l'auteur l'hommage qui lui revient pour la pensée de premier jet, nous dirons aussi que les besoins actuels de la guerre et de la société exigent d'autres garanties que celles exprimées par l'assiette générale de cette figure.

D'abord la citadelle au sommet du triangle, n'est ni en position pour servir de retranchement à la brèche sur l'enceinte de la place, ni assez spacieuse pour retirer les débris de la garnison et les habitans, à la suite de la crise des assauts.

D'un autre côté, les grandes lignes de front qui renferment l'espace se trouvant composées d'une série de petits ouvrage uniformes qui n'y existent que par la réciprocité de leur action, et qui, engagés simultanément dans

une attaque, se trouvent tous compromis si
un des maillons de la chaîne est enlevé par
force ou par négligence, la police de la ligne
n'a ni agglomération ni puissance à produire
sur les flancs, parce que toute la ligne est
également et simultanément exposée, ni réserves spéciales de secours que celles du corps
de la place qui se divise en détachemens
sur la ligne menacée, au lieu de se grossir
des postes échelonnés entre le coin de l'attaque et les ouvrages qui en disputeraient les
progrès.

Pour justifier les prévisions que je viens
de déduire sur la figure que nous analysons,
je vais tâcher d'énoncer en théorie générale
les conditions dans lesquelles on peut trouver
la vie et la puissance.

Plus le front de la défense est étendu et
uniformément parsemé, en ligne droite, de
points ou redoutes correspondant directement
avec l'unité centrale du commandement, plus
la surveillance est difficile et compliquée,
plus aussi l'énergie s'affaiblit et se ramollit,

soit dans la défiance réciproque des points
répandus sur la ligne, soit dans le sentiment
que de longues lignes uniformément consti-
tuées, doivent être sujettes à accident sur
l'un ou l'autre point, et qu'un seul de ces
accidens peut tout compromettre. C'est l'expression des inconvéniens reconnus aux lignes
continues, qui par contraste avec l'origine de
l'organisation de l'armée partagée en divisions et subdivisée par corps ou régimens, se
fond dans le grand principe, que tout objet
dans la nature physique ou morale ne rem-
plit les conditions de son existence qu'en
déléguant les fonctions de la vie par des
anneaux intermédiaires et divisionnairement
gradués entre l'unité centrale et les parcelles
d'unités qui délimitent la forme extérieure de
l'enveloppe générale. Cette proposition, qu'on
prendra peut-être pour de la méthaphysique
ou de l'idéologie oiseuse, est symbolique des
exemples ci-après :

Que, dans la nature, l'arbre qui se compose du tronc, des branches et rameaux, ne

porte son fruit qu'aux extrémités des canaux capillaires dans lesquels la sève se modifie et se complète, par son passage dans les branches intermédiaires;

Que, dans le moral, l'ordre social qui est ensouché dans le gouvernement n'obtient la vie que par les administrations graduées intermédiairement entre le citoyen et le chef de l'Etat;

Que, dans l'armée, la puissance et la discipline ne se développent que par les divisions de commandement gradués entre le général en chef et le soldat.

Ainsi tout dans la nature réclame la division graduée et échelonnée, pour accomplir le développement de son existence, dans des travaux dont les produits ou les résultats se rapportent à l'unité suprême pour le profit de tous, quand ils sont heureux, et dont les mécomptes ne doivent être qu'accidentels et fractionnaires, dans la sphère partielle et particulière des divisions.

La fortification qui doit remplir des conditions analogues, doit les chercher dans les mêmes doctrines. Les grandes places ne doivent donc pas former une seule masse comme les petites; et quand on parle encore aujourd'hui de fortifier l'immense enceinte de Paris comme on fortifierait un hexagone; c'est l'histoire du ballon, qui, quelque grand qu'on le fasse, ne contient le gaz qui est le principe de son existence que dans une seule poche, à laquelle la moindre égratignure est une blessure mortelle.

Mais si le déploiement indéfini en lignes continues pour renfermer un foyer unique, agit, sur la force d'existence de l'ensemble, en raison inverse d'un développement extra-rationnel, il faut reconnaître aussi, par analogie avec la cause et les ressorts de la puissance des armées, que l'assiette, par quartiers, d'une grande place de guerre pour une garnison de quinze à vingt mille hommes, complétée par un petit nombre de foyers magnétiques extérieurs, et échelonnés à l'horizon de la portée de ses armes, donne, par ses divisions graduées, un développement et une augmentation de puissance qui s'accroît encore de l'espacement des corps jusqu'à la limite de la sphère de leurs facultés physiques et guerrières.

La place dont nous analysons ici la figure, a donc une assiette vraie dans la forme générale triangulaire de son enceinte : mais elle perd la plus grande partie de ses qualités dans le déploiement indéfini et fractionnairement uniforme de ses lignes de front, qui ne présentent pas une longanimité d'existence proportionnée à l'importance de la masse unique du corps de place.

Si cette place qui exige vingt-cinq mille hommes de garnison, se trouvait enveloppée en grande partie par des inondations artificielles, elles renforceraient la sûreté par l'isolement, en tant que la surveillance est exacte : mais si ces inondations presque générales ou vaguement délimitées sur leur littoral extérieur, procurent à la place une

espèce de manteau ou de bande neutre ,
entre les armes des deux parties belligérantes;
elles privent aussi la garnison de son action
expansive sur les fronts inondés. Les ave-
nues de la place se trouvent réduites et dé-
terminées. C'est sur elles alors que l'assiégeant s'établit et concentre ses forces. Et
quand il est parvenu à asseoir sa position
par des contre-fortifications, il marche sur la
place par les travaux de siège.

Si le système de l'assiette de la place n'est
pas organisé pour les grandes sorties de front
et de flanc, l'assiégeant arrive à la position
des batteries de brèche, sans événemens et
pertes extraordinaires; et dès qu'il y a une
brèche praticable au corps de la place, on
peut dire que le siège est fini, sauf quelques
exceptions sur lesquelles l'Etat ne doit pas
compter, parce que, la citadelle exceptée,
la place, quelque immense qu'elle soit, suit
le sort de la brèche.

Ainsi cette place qui aura coûté énormément, qui contient des valeurs immenses,

qui exige une surveillance telle sur les détails
de son développement, qu'une négligence sur
un point peut tout compromettre, est obligée
de se rendre au bout d'un siège presque ordinaire de quarante à cinquante jours, avec
une garnison non consommée, mais épuisée
par les fatigues que l'organisation de son
assiette lui fait subir au lieu de les lui épargner aux dépens de l'ennemi.

Le moyen de donner à une place de la
figure ici représentée, une énergie et une
augmentation de résistance réclamée par son
importance militaire et civile, serait d'ajouter
une tête à couronne renforcée d'une redoute-
modèle casematée, en annexe à quinze cents
ou deux mille mètres en capitale de chacun
des sommets du triangle général, afin de
conserver la population et ses richesses, hors
de la portée des orages d'un premier siège
qui serait alors d'autant plus long et énergique que les moyens de la place se succéde-
raient sur les foyers volcanisés à l'extérieur.
Tels sont les principes et le caractère que

j'ai cherché à exprimer dans la proposition d'assiette d'une grande place en général, par la figure qui a été mise en comparaison avec celle-ci. C'est à l'opinion à prononcer si je me suis trompé.

CHAPITRE 6.

—

APPLICATION ET DÉMONSTRATION DES DOCTRINES ÉTABLIES DANS CET
OUVRAGE, POUR LE PROBLÈME DE LA MISE EN ÉTAT DE DÉFENSE
ET DE SÛRETÉ DE LA CAPITALE DU ROYAUME.

Sɪ enfin, et pour terminer par une disser-
tation sur la question qui a été le motif et
le but de cet ouvrage, nous portons nos
regards sur cette grande ville de Paris, qu'il
faut bien se décider à mettre en sûreté dans
le cas d'une guerre malheureuse, car il n'est
pas un Français qui ne frémisse à l'idée de
supposer les armées étrangères camper encore

aux Tuileries , nous voyons d'abord une superficie immense , délimitée par une muraille de police financière qui est à-peu-près celle de la figure ci-contre.

Elle est douze ou quinze fois grande comme celle de la figure précédente qui représente une de nos plus grandes places de guerre du royaume, et sur laquelle nous avons démontré que la surveillance ne pouvait être énergique ni assurée, à cause de son grand développement. Que serait-ce donc de celle de Paris avec la population qu'elle a, avec une forêt de maisons et un labyrinthe de rues dans lesquelles le trouble ne serait ni reconnu ni répressible? Et c'est sur une localité si extraordinairement différente de toute autre, par son étendue, par ses mœurs et par ses besoins, qu'on resterait dans le cercle ordinaire, ou des petits nids à défense semés devant cette enceinte, ou d'une chemise bien haute et bien simple, en place à-peu-près de celle qui en fait la police urbaine, sous le prétexte que le gros canon

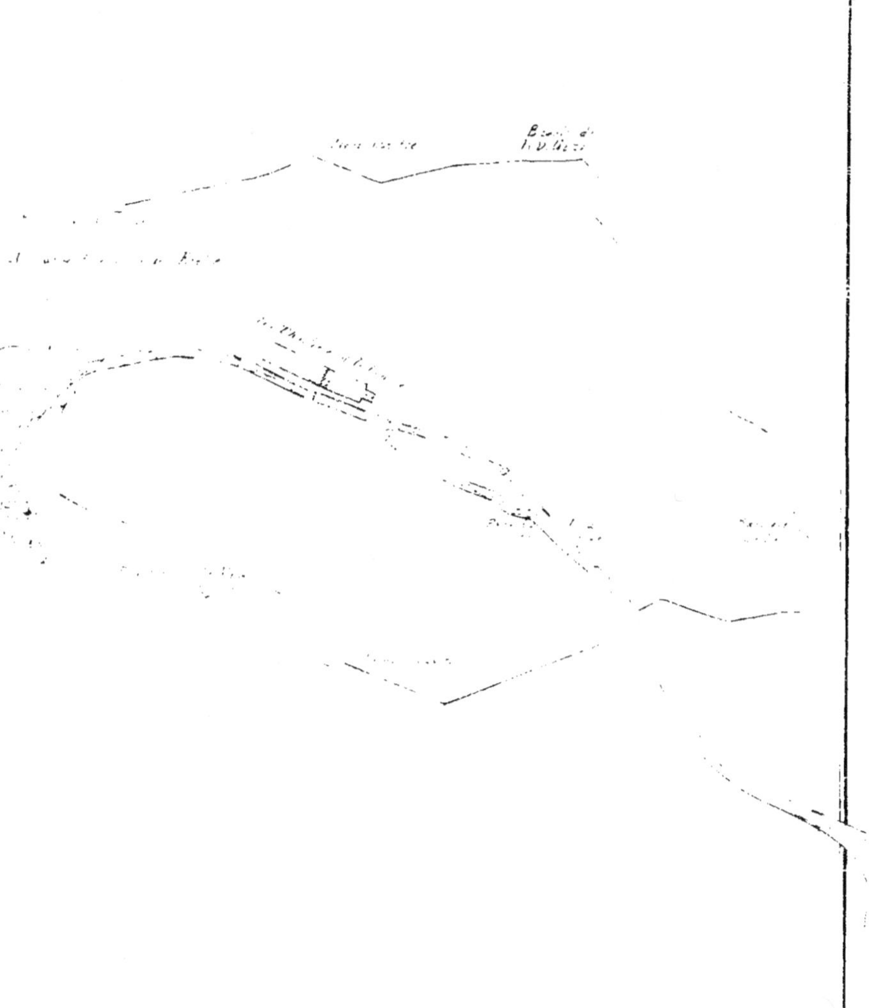
TRACÉ FIGURATIF
Des Murailles de l'Octroi de Paris
Renfermant dans leur état actuel
Une superficie de 3,800 hectares environ
Des Murailles de l'Octroi de Paris

étant un bagage qui n'est pas commode à
mener en avant-garde, elle serait suffisamment assurée contre des attaques de vive-
force, au moyen de ses défenseurs, ne fussent-
ils que des gardes nationales. Mais de bonne
foi, quelle est l'opinion qui sera rassurée
dans l'énergie de corps de différentes for-
mations disséminés sur une ligne de vingt-
cinq mille mètres de développement. Peut-
on supposer qu'il ne surgira pas quelque
part une défection qui transigerait avec l'ennemi? Peut-on mettre sous la responsabilité
d'un chef une armée éparpillée, hors de sa
vue, et dans un foyer où, militairement et
politiquement parlant, la prudence ne permet pas de se fier à un dévouement unanime?
Peut-on enfin supposer ou admettre que si
la dissolution pénètre quelque part dans l'intérieur, les défenseurs du rempart resteront
inébranlables, entre l'ennemi qui serait à ses
portes, et les menaces, peut-être les suppli-
cations, le désordre enfin qu'ils entendront
sans le voir et l'apprécier au travers des
quartiers?

C'est cependant sous la puissance de toutes ces considérations qu'il faut trouver une assiette qui satisfasse d'une manière absolue et incontestable un résultat proposé : celui que Paris et le Gouvernement ne soient jamais réduits à subir le joug de l'étranger ou des factions.

C'est ce besoin qui avait motivé le projet de Vauban, qu'aujourd'hui l'agrandissement de Paris et le nouveau système de la guerre ne permettent plus d'adopter sous le rapport du tracé ; bien que l'esprit en soit une prévision vraie, et à modifier seulement quant à l'application.

C'est ce besoin auquel on croit pourvoir dans un projet de remplacer l'enceinte actuelle à-peu-près, par une chemise haute, épaisse et simple qui, à mon avis, ne répondrait à aucun des accidens que j'ai signalés tout à l'heure.

C'est ce besoin qui, senti sans être défini dans les limites que nous ne pouvons franchir, a fait proposer par l'auteur d'un essai

sur la défense des Etats par les fortifications,
(ancien élève de l'école polythecnique), qu'il
fallait une immense place unique au centre
de la France, sans égard pour l'existence
de Paris.

C'est le sentiment des besoins et des inconvéniens que je viens d'énumérer qui fait dire
à M. le marquis de Chambray, dans sa Philosophie de la guerre, qu'il faut à la France
une grande place de sûreté sur la rive gauche
de la Loire probablement, et dont il croit
légitimer la dépense en en faisant une immense garnison en temps de paix, et le logement du Gouvernement avec toute la repré-
sentation nationale en temps de guerre, si
Paris était menacé.

Quoique je ne partage pas la solution des
idées de ces deux derniers auteurs, je leur
dois la justice de dire que leurs ouvrages
présentent beaucoup d'intérêt ; le premier
est le produit d'une imagination qui s'affran-
chit, au résultat, des considérations dont nous

n'accepterions pas le sacrifice total; le second est un livre écrit avec chaleur et élégance, dans lequel le chapitre relatif aux places fortes et à Paris exprime parfaitement des griefs et des besoins qu'on ne peut méconnaître; mais, à mon avis, l'auteur se trompe en croyant, comme le précédent, résoudre la difficulté par le déplacement fortuit de tout le Gouvernement. Le personnel et le matériel de l'administration générale de la France sont trop immenses pour qu'une telle opération soit possible; d'ailleurs l'influence citadine de Paris qui resterait au foyer, l'emporterait sur la puissance mutilée et comprimée d'un Gouvernement caserné hors de sa résidence, et peut-être coupé par l'ennemi.

En revenant à la défense de Paris, comme foyer de principe et obligé, il reste à démontrer que la solution que j'en ai donnée dans mon livre premier et dans l'article du *Spectateur militaire*, du 15 Octobre 1829, est la seule admissible, en observant, toutefois, que la question à examiner dans ce moment,

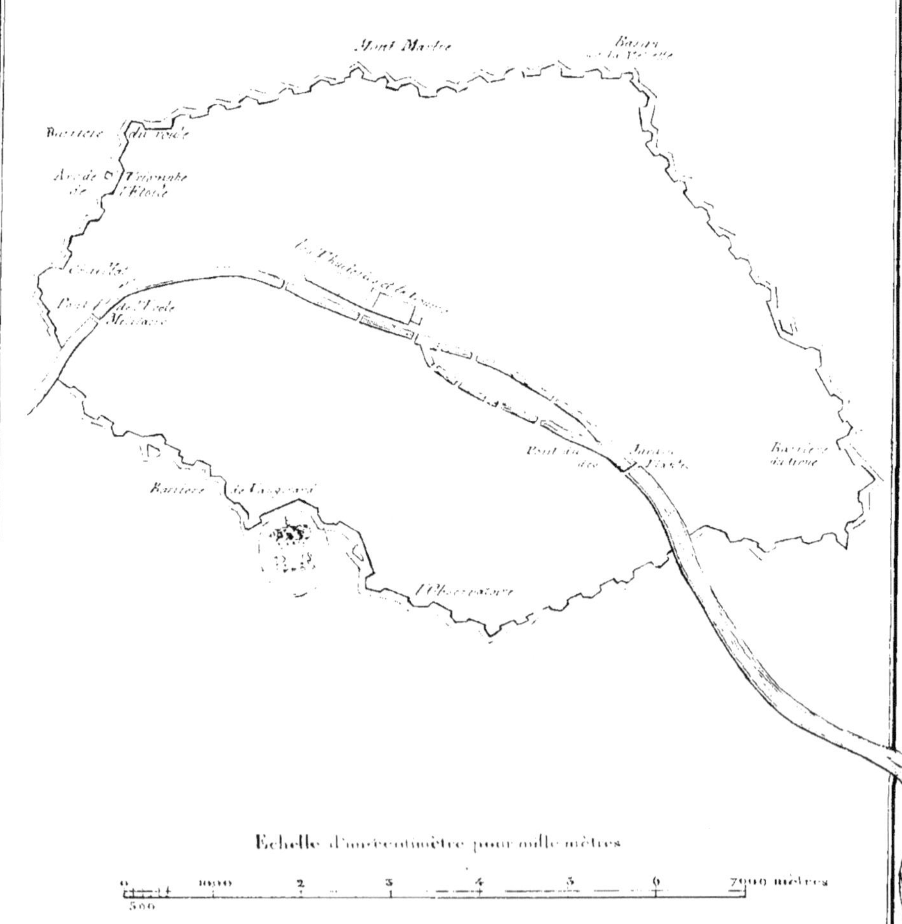

PHYSIONOMIE SUPPOSÉE
du Tracé
Dans le Système d'une Enceinte continue
sur la Ligne actuelle de l'Octroi.
Mont Martre
Barère de la Villette
Barère du Roule
Arc de Triomphe de l'Étoile
l'Invalides
Pont de l'École Militaire
la Chambre des Députés
Barère de Vaugirard
l'Observatoire
Pont du Jardin des Plantes
Barère de Fer
Echelle d'un centimètre pour mille mètres
0   500   1000   2   3   4   5   6   7000 mètres
N.B. Ce Tracé qui peut varier dans sa Graphométrie n'en est pas
moins l'Expression Morale et Militaire du Système
dans lequel on opèrerait.

ne se rapporte qu'au système de la chemise de police de la capitale; celle des grandes places à l'extérieur appartenant à un autre ordre d'idées qui sont cependant essentiellement liées à la combinaison du problème.

Il paraît, d'après un article de M. le capitaine Dunoyer, inséré dans la quarante-quatrième livraison du *Spectateur militaire* (15 Novembre 1829) et qui est une réponse au mien du 15 Octobre, qu'il existerait, au comité des fortifications, un projet sur Paris par une enceinte continue. Cette enceinte, qu'on suppose une simple chemise dont l'énergie, qui ne consisterait que dans la hauteur et l'épaisseur du revètement, ne peut représenter qu'à-peu-près le tracé de la figure ci à côté.

En regard du nombre immense des fronts qui en font la chaîne et dont la dépense s'élèverait certainement à plus de cent millions, je demanderai s'il serait admissible, je ne dirai pas de confier, je dirai d'exposer la ville de Paris à une lutte quelconque avec l'ennemi qui bivouaquerait à portée du canon des remparts, si, comme on paraît le dire, on n'admet ni les trois grandes places d'avant-garde à quelques lieues de Paris, ni les citadelles de réserve sur l'enceinte : je demanderai si la moindre menace ne porterait pas la désorganisation dans cette Babylone et dans la défense de l'enceinte; je demanderai si cette enceinte est une garantie pour l'opinion et même pour les besoins de la cité.

Pour résoudre ces questions, il suffit de se rappeler ce que j'ai dit au commencement de cet article sur les événemens qui pourraient résulter ou surgir dans les crises de la défense d'une ligne aussi immense et d'un séjour rapproché de l'ennemi; on ne peut en nier aucun, et la solution du problème se réduit à l'examen et au choix des deux propositions suivantes :

Paris sera conquis, du moment qu'il sera menacé ou foulé, dans un hourra ou autrement, si l'opinion publique et la puissance

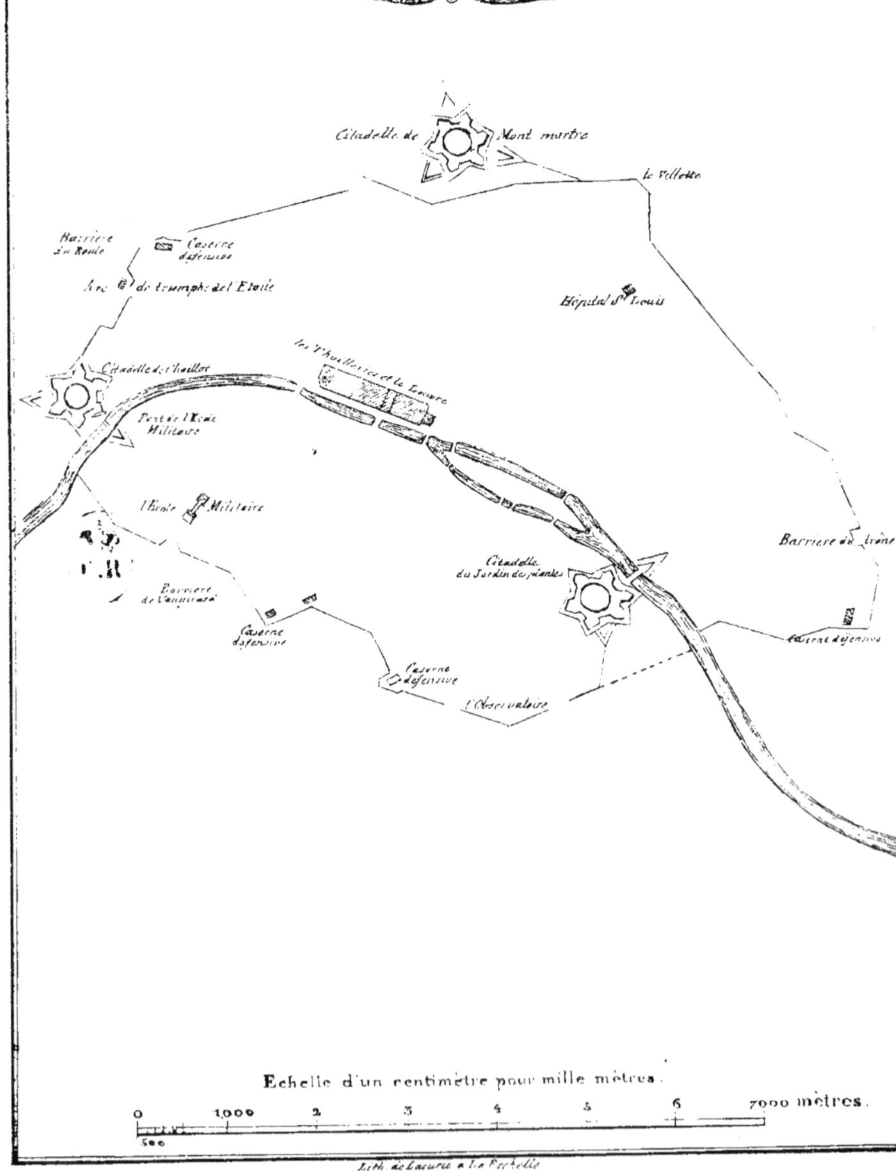

TRACÉ FIGURATIF
De l'Assiette proposée par l'Auteur,
pour satisfaire
aux conditions Morales, Politiques et Guerrières du Problème.
Citadelle de Mont martre
la Villette
Barriere du Roule
Caserne défensive
Arc de triomphe de l'Etoile
Hôpital St Louis
Citadelle de Chaillot
les Thuilleries et le Louvre
Port de l'Ecole Militaire
l'Ecole Militaire
Barriere du trône
Citadelle du Jardin des plantes
Barriere de Vaugirard
Caserne défensive
Caserne défensive
Caserne défensive
l'Observatoire
Echelle d'un centimètre pour mille mètres.
0   1000   2   3   4   5   6   7000 mètres.
500
Lith. de Lacure à La Rochelle

militaire n'ont pas de foyers indépendans de la bagarre : et au contraire Paris serait foulé qu'il ne serait pas conquis, si des foyers de sûreté, à sa circonférence, compriment, de concert avec le château qui est au centre, la ratification d'une transaction quelconque.

Le choix du parti à adopter ne saurait être douteux ; le principe de la question est tout entier dans l'empêchement d'une transaction quelconque, autre que du libre avis du Gouvernement. Il est donc évident qu'il vaut mieux laisser les grilles en fer de l'octroi, et les murailles actuelles telles qu'elles sont, sauf quelques redressemens ou dispositions complémentaires, en ayant, comme je l'indique par la figure ci-contre, sur l'enceinte actuelle, les trois citadelles que je propose sur Montmartre, Chaillot et le Jardin des plantes, auxquelles je donnerais pour annexes, et afin d'assurer l'existence des défenseurs sur une ligne qui n'est que de police, quelques casernes défensives, à la barrière du Roule, à l'hôpital Saint-Louis, à la barrière

du Trône, à l'Observatoire, à la porte de
Vaugirard et à l'Ecole militaire. Paris manque
de casernes pour sa garnison ordinaire; celles
que j'indique en complèteraient le logement,
et le moyen défensif de ces casernes ne serait
que pour un bataillon, qu'il remplirait le but
qu'il faut atteindre. Il suffit qu'elles ne soient
pas forçables sans artillerie, pour donner à
l'enceinte générale une existence que l'ennemi
se gardera d'autant plus de tâter, qu'il est
évident, pour lui et pour nous, qu'il ne par-
viendrait pas à faire capituler la masse pendant
l'action, et qu'ainsi sa retraite ne pourrait se
résoudre qu'en un désastre.

Mais j'admets toujours, comme indispensables, les trois grandes places extérieures que
je propose d'établir, l'une au confluent de
l'Oise dans la Seine; la seconde sur la Marne,
à la hauteur de la Brévonne; et la troisième
sur la haute Seine vers l'embouchure de l'Orge.
Ces trois places forment la frontière particulière de Paris qui conserverait à la capitale
et au Gouvernement l'élasticité d'action sans
laquelle elle ne serait rien.

Un officier, M. Ad. Féline, qui m'a fait l'honneur de combattre mes opinions dans un article du *Spectateur militaire*, du 15 Mars 1830, en admettant la nécessité de fortifier Paris. réfute tout mon système et dit que mes erreurs semblent dériver de ce que je parais considérer Paris comme une place ordinaire : ce n'est point à moi de prononcer sur la position de cette question , dont je crois que le reproche va précisément à celui qui me l'adresse ; cependant je demande la permission de tâcher d'expliquer et d'exprimer ici les principes qui divisent nos opinions sur la matière.

La différence qui caractérise les dispositions dans lesquelles mes commentateurs se retranchent, et celles que j'ai énoncées, tient à ce que nous n'avons pas le même symbole sur le génie de la fortification.

Les auteurs et les professeurs de fortification n'ont jusqu'ici traité ou examiné les systèmes que sous le point de vue de la solidité passive des combinaisons matérielles : cette préoc-

cupation semble concentrer toutes leurs re-
cherches, d'abord sur le compassement des
feux de position, en les considérant comme
déterminés, certains et imperturbables; ensuite sur les difficultés à opposer à l'opération des brèches, soit au moyen de forts
revêtemens qu'on est à la veille peut-être
de proposer en fer coulé, soit en se ména-
geant en réserve une pièce pour boucher
la trouée de cette brèche sur la place. C'est
à cela qu'ils réduisent en résumé et en général presque tout l'examen d'un système
quant à la question militaire, et ils procla-
ment le meilleur celui où la brèche paraît
la plus difficile à faire, ou celui qui présente
le meilleur retranchement à cette brèche. On
ne s'occupe nullement des dispositions qui pro-
duiraient de la puissance par les manœuvres
ou par l'économie des fatigues et des dangers
du service, du moins on ne les traite pas sur
l'échelle d'où il en surgirait véritablement
de la puissance. On ne demande que du dévouement à disputer des enceintes successivement embrèchées : on pourrait dire que

c'est la coalition des murailles contre les canons qu'on semble espérer de lasser à force d'éditions de remparts, et dont on est satisfait quand leur dépense, quelle qu'elle soit, ajoute quatre à six jours d'existence à l'agonie de la place.

Une autre fausse méthode dans la création ou dans l'examen d'un projet, est de le traiter exclusivement par la supposition ou des attaques ou des garanties, comme si l'ennemi manquait de moyens pour les éluder, en prenant le côté des combinaisons sur lesquelles on a établi, quand elles ne sont que spécialement répulsives au lieu d'être absorbantes et magnétiques par rapport au dehors. C'est l'erreur de M. Ad. Féline sur Montmartre quand il dit qu'il ne le regarde pas comme une position exposée ; et sur Chaillot, parce que, selon lui, l'ennemi ne doit pas arriver par les ponts de Sèvres et de Saint-Cloud. M. Féline a raisonné sous l'empire des études qu'il a faites : ce sont elles qui l'ont égaré dans un problème qui, il faut l'avouer, est mal éclairé.

Le symbole du génie de la fortification
est, selon moi, dans l'expression la plus simple
et la plus robuste de la puissance militaire
par la combinaison du service des troupes
et des ouvrages dans une sphère proportionnée au nombre comme aux besoins de ces
deux élémens du problême, et dont le système doit dériver d'une prévision centrale et
normale à toutes les combinaisons d'attaques
que l'ennemi pourrait imaginer. Ainsi de même
que, dans la fixation du lieu d'une place, on
a pour but de neutraliser ou d'absorber moralement les combinaisons de l'ennemi dans
une sphère d'activité magnétique ou répressive, proportionnée à l'importance qu'on
veut exercer, de même, dans l'assiette particulière de la place, quant à son tracé, on
doit procéder, moins par supposition de détail
des combinaisons d'attaques, que d'ailleurs
on ne peut nombrer, que par absorption,
dans le foyer, de toutes les combinaisons
extérieures quelles qu'elles soient, en les
forçant à rentrer dans celle de la sphère
rapprochée du noyau, sans la prise duquel

l'occupation extérieure n'est qu'un provisoire fort dangereux pour l'ennemi. C'est l'application du principe et des avantages de l'ordre profond sur l'ordre mince. L'expression du symbole doit aussi enraciner la défense dans la puissance d'expansion et d'énergie des troupes, en leur donnant la fortification comme cuirasse de protection facultative, de préférence au principe de la force d'inertie des murailles et remparts, comme obstacles interposés et de principal service contre l'ennemi : il doit enfin se prêter et pourvoir aux besoins spéciaux de la localité pour laquelle on fait le projet. Telle est l'esquisse qui signale la différence des doctrines pour lesquelles nous discutons.

Revenant à la question de Paris, parce qu'elle a été controversée dans le *Spectateur militaire*, M. Ad. Féline, dont les idées sur la défense de la capitale rentrent dans le cadre de celles dont M. le capitaine Dunoyer fait l'apologie, n'en diffère que par la proposition d'une ligne échelonnée sur la

13

Marne; il n'admet pas les grandes places que je propose à quelques lieues de Paris, parce qu'il prétend qu'elles y seraient sans effet, trop grandes, et que c'est à une beaucoup plus grande distance qu'il faut en établir de moyennes ou du second ordre. J'ai suffisamment développé les motifs qui m'ont déterminé dans les dispositions que je propose, pour attendre le jugement de l'opinion. Mais pour faire observer jusqu'où peut entraîner le despotisme d'une étude qui, jusqu'ici, a prescrit sans s'associer la mesure des effets moraux de ses prévisions, je citerai ce que dit et réclame M. Féline, page 547 de son article.

« Le premier soin d'un général menacé d'un siège, doit être de faire enlever les vivres et fourrages qui se trouvent dans un certain rayon, ou ce rayon doit nécessairement s'étendre avec les besoins et les dimensions de la place. On pourrait donc tâcher d'enlever les ressources que pourrait trouver l'ennemi à une distance de dix à quinze lieues de Paris. On le pourrait d'autant mieux que ce ne serait pas tout autour de la ville, mais sur une certaine distance seulement. Il est peu probable que l'ennemi converge par des points très-éloignés; les routes situées entre l'Oise et la haute Seine seraient sans doute les seules par lesquelles il pourrait arriver : ce serait donc le pays entre ces rivières qu'il faudrait faire évacuer en approvisionnant Paris et les autres places, ou en faisant passer les denrées sur les rives opposées. »

Je suis loin de faire à M. Féline un reproche de cette proposition ; elle est conforme aux doctrines sur la matière, elle est de droit absolu à la guerre, en pays ennemi surtout; mais pour être légitimée, il faut qu'elle remplisse son objet par une exécution complète, et, d'un autre côté, que le sacrifice ne soit pas disproportionné ; ou en faisant un désert sur la moitié à-peu-près de la circonférence de Paris, l'ennemi ne viendra-t-il pas passer, fût-ce avec quelque peine, sur l'autre moitié non dévastée? En second lieu, je demanderai s'il serait facile, s'il serait possible d'enlever

toutes les denrées et productions d'un terri-
toire de deux cent cinquante lieues carrées,
le plus populeux et le plus industrieux de la
France? Que ferait-on de ses habitans, et quelle
impression produirait une pareille mesure
sur l'opinion? Elle exaspérerait au moins la
population qu'elle frapperait, et ferait de
beaucoup d'entre eux des ennemis à la patrie.
Mettons-nous en sûreté sans déranger le
monde, en plaçant nos établissemens au
milieu de cette population : l'appui qu'elle
en recevra, nous donnera, pour la défense,
des auxiliaires que l'ennemi n'oserait infil-
trer. Il ne pourra que s'arrêter sur la lisière
de cet Eden, dans l'intérieur duquel une
puissance nationale non compressible, quand
même elle serait foulée partiellement et
momentanément dans quelques attaques d'essai, rejetterait par explosion, hors du royaume,
l'imprudent qui aurait eu la présomption de
rêver la conquête.

Quant à l'idée de croire qu'avec une
simple chemise à l'enceinte de Paris, et sans
foyers d'existence au dehors de la capitale,

on peut y arrêter l'ennemi à-peu-près à la
portée du canon, en attendant le secours des
corps qui manœuvreraient ou qui se réorga-
niseraient au loin, pour revenir ensuite en
guerroyant sur la capitale, ce n'est pas, à mon
avis, l'hypothèse sur laquelle on doit politiquement compter. Dans la crise pour laquelle
nous discutons, il ne faut pas se confier aux
illusions, les mécomptes seraient épouvan-
tables. En résumé, je persiste donc à penser
qu'il faut changer notre système défensif;
qu'il faut créer notre réserve absolue à Paris
et aux environs; et que le système que je
propose me semble le plus conforme à l'esprit comme aux besoins de notre époque.

APPENDICE.

—

RÉVÉLATION DE L'IMPORTANCE ET DE LA NÉCESSITÉ DES DISPOSITIONS
RÉCLAMÉES DANS CET OUVRAGE POUR LA STABILITÉ DU GOUVERNEMENT
ET DE NOS INSTITUTIONS, PAR LES RÉVOLUTIONS DE
DIFFÉRENS ÉTATS DE L'EUROPE EN 1830.

Si l'on réfléchit sur les événemens du second trimestre de 1830, et sur les causes ou les moyens avec lesquels on fait les révolutions, on ne peut qu'être effrayé de l'instabilité des Gouvernemens quels qu'ils soient. C'est une erreur, pour ne pas dire une duperie, de

compter sur l'énergie de la conscience nationale pour la défense des institutions, quelque
libérales qu'elles soient. Par cela même que
l'ordre social classe les individus dans l'échelle
inévitable des existences graduées depuis le
prolétaire, et même le mendiant, jusqu'au
riche en possessions territoriales, en privilèges, en savoir et en influences politiques,
il y a évidemment des intérêts divers et
opposés, il y a des besoins et des passions
hostiles aux classes supérieures, et il n'est
que trop vrai que ces masses sont considérables comparativement à celles qui sont l'objet de leur haine ou de leur jalousie.

Si à cet état des intérêts individuels se
joint la maladie du siècle qui est une soif
insatiable d'émancipation politique, et un
désir immodéré de fortune transcendante, il
en résulte que la Société est travaillée d'une
guerre intestine et continuelle que l'on ne
craint pas d'avouer sous la devise de la pro-
pagation des lumières, mais qui, au fond, n'est
qu'un nivellement de transition qui germe

depuis cinquante ans dans les têtes sans pouvoir se réaliser matériellement dans la Société. C'est donc contre les supériorités sociales que l'agression est permanente : que ces supériorités soient nationales, politiques ou financières, qu'elles soient vieilles ou nouvelles, n'importe; elles sont inféodées; et c'est au nom de la diffusion des lumières et de l'émancipation des masses, que la propagande dirigée par les ambitieux, travaille à leur renversement, en conspirant contre le Gouvernement qui est le gardien de la loi commune. Ses forces se composent des classes passionnées qui, par corruption de mœurs politiques ou par conviction dans des doctrines fausses, se dévouent à la révélation de leurs principes; et elles ont pour auxiliaire stipendiée une masse plus ou moins grande de la populace qui, disputant son existence quotidienne au jour le jour, se vend aux brouillons qui savent l'exalter, en lui promettant un meilleur avenir imaginaire. Tels sont les élémens, le but et les moyens des idées qui travaillent et minent l'ordre social.

Qu'on ne croie pas qu'il faille une masse numériquement plus forte que celle du Gouvernement pour le renverser ; le succès dépend de la sympathie ou de la terreur qu'on a dû savoir répandre de longue main dans la Société, et du théâtre sur lequel on opère ; il suffit alors que, de prime-abord, la sédition forme un noyau auquel les oisifs, les curieux et les courtiers de désordre viennent donner l'apparence du nombre, pour grandir bientôt dans la foule qui lui était même peut-être indifférente. C'est alors qu'elle exalte les uns par entraînement, et qu'elle domine les hommes honnêtes qui, classés dans le possessif, en général, s'isolent et se complaisent dans le foyer domestique et dans la part d'héritage ou d'industrie qui leur est échue. Le trouble est pour eux une catastrophe, mais beaucoup d'entre eux deviennent cependant les héros d'après ou du lendemain, dans l'unique but de rappeler la tranquillité et la sécurité sur eux et les leurs, en s'enrégimentant dans les vainqueurs, au lieu de se laisser classer dans les vaincus. Les faiseurs de révolutions sont donc des accidens qui surprennent et subjuguent la conscience des masses, et qui, lorsqu'ils réussissent, les font épouser par la Société, comme autrefois les Sabines épousèrent les Romains, à la suite d'un événement dont il était impossible d'effacer les traces et les effets.

L'histoire dira un jour quels et combien furent les auteurs de la révolution de Juillet, combien et dans quels rangs elle prit ses masses; elle dira quels étaient leurs projets réels ou cachés. Ce qu'il y a de certain, c'est qu'ils ne voulaient pas d'abord, ou ne croyaient pas pouvoir tout ce qui a été fait, et qu'ensuite ils ont eu beaucoup de peine à borner la révolution à ce qu'elle est. Mais je dirai aussi que je ne tiendrai la stabilité pour certaine, que lorsqu'il aura été créé des positions qui mettront le Gouvernement à l'abri de la turbulence des passions. Malheur à nous, si nous n'en sentons pas la nécessité en présence des exemples que nous a fournis l'année 1830 dans les différens états de l'Europe.

C'est presque une dérision, de proclamer la confiance, l'amour et le dévouement pour le souverain, pour ses vertus, et pour le Gouvernement qui est l'expression des droits et des vœux de la nation, et de le retenir en état de suspicion, en lui refusant les moyens d'une puissance certaine, soit par des positions fortifiées, soit par des corps dont l'existence soit liée à la sienne, soit enfin par un article quatorze dans la Charte, qui soit suspensif sans être destructif. Je dirai aussi que les capitales en général, et Paris surtout, par l'immensité de sa population et l'influence qu'elle exerce sur les provinces, sont les seuls foyers dangereux à la stabilité et à la tranquillité des peuples. Loin de moi l'idée d'inculper la grande masse bourgeoise des Parisiens, et c'est à cette grande masse citoyenne de Paris que j'en appelle pour convenir qu'elle est subjuguée dans les révolutions par la partie nomade de la population qui s'élève à cent mille individus et plus, et dont vingt-cinq à trente mille sont dans une position à se laisser égarer journellement au

profit des caprices des ambitieux qui les fo-
mentent au nom d'une prétendue opinion
publique qui peut avoir du malaise à exprimer, et qui le rapporte au Gouvernement
parce qu'elle ne sait, ne veut, ou ne peut
en spécifier ou maîtriser la cause réelle.

Dans un problème dont le but proposé
est de rechercher de bonne foi les élémens
de stabilité, non seulement dans l'Etat, mais
aussi dans nos institutions, qu'il me soit permis d'aborder la question où je crois qu'elle
est ; mon intention n'est pas de blesser mes
concitoyens : je ne prétends pas non plus
leur imposer ma conviction, mais seulement
la soumettre à la conscience publique.

À mon avis, le mal est, pour les uns, dans
la dépravation des mœurs politiques, et pour
d'autres, dans l'exaltation de quelques faux
principes philantropiques poussés à toutes
leurs conséquences, par des esprits généreux
qui croient à la probité universelle. L'égoïsme,
l'ambition et la présomption, qui sont la

conséquence presque inévitable des lumières et des droits reconnus à la population, occasionnent à mon avis ce malaise indéfinissable qui fait que les masses ne sont pas satisfaites de leur position sociale, et qui les entraînent vers toutes les propositions qui semblent leur en promettre l'amélioration, sans s'avouer que le principe et la fin sont la jalousie des existences intermédiaires, en général, contre les classes supérieures. Le seul moyen possible de contenir chacun dans la sphère de ses droits et de ses devoirs n'existe que dans une puissance de conservation placée en dehors et au-dessus des volontés individuelles. Mais cette puissance n'existe plus.

La vieille Société a traversé bien des siècles au moyen de deux puissances qui se prêtaient l'une à l'autre pour dominer le tout. Ces puissances étaient la religion qui prescrivait et persuadait un respect sincère pour les pouvoirs et les lois de la Société, en en rapportant le principe, les devoirs et la fin à une autre vie; et l'armée qui, pénétrée en masse des mêmes sentimens, y joignait à titre d'honneur une fidélité et une obéissance passive et inébranlable au chef de l'Etat. Ainsi César obtenait par la force ce qui lui était contesté ou refusé à titre de devoir ou de conviction.

Aujourd'hui ces deux puissances de la Société ont été abolies ou dénaturées, ou tout au moins excessivement affaiblies. On ne reconnaît plus le droit divin qui était l'expression du principe, on en a remplacé le prestige par celui de la souveraineté nationale, populaire ou aristocratique, n'importe : mais en descendant dans la population, elle a départi aux individus le droit suprême dont ils étaient désarmés dans l'ancien ordre de choses, car qu'on y crût on qu'on n'y crût pas, c'était un principe, ou imposé à la Société, ou concédé par elle, pour ôter de la manière la plus absolue toute prétention individuelle à attaquer le Gouvernement dans la personne du chef de l'Etat. D'après le principe qui le remplace, il suffit de quelques têtes ambitieuses pour l'exploiter au profit des passions.

L'armée n'est plus un contre-poids certain
aux prétentions et aux entreprises révolu-
tionnaires, depuis qu'on a cherché à lui
persuader qu'elle ne devait tirer le glaive que
contre les ennemis de l'extérieur, et jamais
contre le peuple quand il s'émeut pour des
questions politiques ou d'administration sociale. Il en résulte, qu'à quelques exceptions
près, et surtout que dès que la rébellion
a obtenu un premier succès, la troupe croit
avoir satisfait à son devoir envers le prince,
en n'ayant pas pris l'initiative du mouvement :
mais elle s'y rallie bientôt par sympathie de
famille ou d'éducation, et par la fausse inter-
prétation de ses devoirs. Cet honneur de
sentiment plutôt que ce sentiment de l'honneur, la porte jusqu'à chercher une espèce
d'amnistie à son immobilité ou à sa résistance
du premier moment, dans le dévouement
qu'elle apporte en étrennes à la nouvelle
cause à laquelle elle s'associe : et dans son
entraînement elle frapperait sur les populations résistant au nouvel ordre de choses,
avec toute l'ardeur qui était négative au

moment de l'explosion révolutionnaire. Il ne faut pas chercher la justification de ce sentiment ; mais il n'en est pas moins honorable pour qui porte un cœur national et militaire. Il prouve à un exemple près, et qui n'est pas français (1), que l'armée sert, mais ne défait aucuns gouvernemens reconnus dans la patrie.

Il faut conclure de ce qui précède que la Société et la force armée sont impuissantes pour réprimer les tentatives des factions, quand elles ont pour but une révolution de principes : on peut donc croire que tout projet semblable est d'avance presque sûr de réussir, bien qu'avant son explosion les masses aient ignoré ou désavoué la tentative ; bien qu'après, les masses ne soient pas d'accord sur les résultats et les conséquences. On a cru trouver ou persuader que la puissance de conservation se trouvait dans les gardes nationales ; c'est encore une erreur : les gardes nationales se composent de tous les citoyens,

1) Celui de l'armée espagnole dans l'île de Léon.

qui n'abdiquent point leur quote-part de la souveraineté qui leur est départie en principe par la Charte et la Constitution, et qui, par conséquent, servent sa cause tant qu'elle ne leur paraît pas en opposition à leurs opinions; mais ils la désavouent dès que d'autres idées les dominent. Pour exemple, on se rappellera qu'en 1826 la garde nationale de Paris, réunie au Champ-de-Mars pour recevoir une visite du roi Charles X, saisit cette occasion pour lui exprimer des vœux dont je n'examine pas les motifs, mais qui certainement furent une provocation armée. La garde nationale n'est donc pas une force impassible, elle est excellente et admirable pour rétablir la paix entre les citoyens et faire respecter leurs propriétés ; mais elle met l'épée de Brennus dans les balances dès que la question litigieuse a dominé le citoyen garde national.

Cet inconvénient n'existe pas au même titre, et avec la même intensité dans l'armée, parce que, à part l'erreur de sentiment qui lui a fait admettre de ne pas employer ses armes contre la bourgeoisie, du moins elle sait qu'il lui est défendu, et elle n'a jamais eu la prétention d'imposer sa volonté. Elle peut se laisser entraîner, mais elle ne délibère pas. Sous ce rapport elle est, au moins en partie, un élément de puissance réelle pour le Gouvernement; il ne s'agit que de trouver le moyen de l'obtenir tout entière, et c'est en la préservant du danger de l'entraînement. Le secret en est peut-être dans une existence privilégiée qui en classerait les individus dans une aristocratie qu'on ne manquerait pas de comparer peut-être à celle des Mameloucks d'Egypte, mais elle serait repoussée en France par ceux même qui seraient appelés à faire partie de cette espèce de chevalerie.

L'autre moyen et le plus certain, est d'avoir, à l'appui d'institutions sincères et libérales pour l'ordre social, des positions fortifiées que les factieux ne puissent pas envahir ou enlever d'assaut : elles seules peuvent ôter l'idée

d'entreprendre une sédition, et donner aux
bons un appui contre les entreprises des
méchans. La sédition n'est rien sans ses développemens, et elle ne se développe que
par l'entraînement des masses, même de celles
qui n'en voulaient pas. Le secret est donc
d'empêcher la sédition de se développer, et,
dans tous les cas, de la réduire à ne pouvoir
proclamer son triomphe, parce que ce triomphe n'existera pas, tant que les positions du
Gouvernement ne seront pas enlevées. Ces
positions pour Paris ne peuvent être que des
citadelles toutes militaires, et dont l'habita-
tion doit être interdite à la bourgeoisie : car
l'exemple des soulèvemens populaires dans
les places fortes de la Belgique, prouve,
explique et démontre que les fortifications
sont impuissantes, ou pour mieux dire nulles
quand on ne pourvoit pas au danger de
l'entraînement, par l'isolement des troupes.
En effet les fortifications n'ont d'action qu'à
l'extérieur, et n'ajoutent rien à celle des corps
divers qui, dans la place, débattraient entre
eux une question par les armes.

Cette dernière considération semblerait
réfuter au premier coup-d'œil les principes
que j'ai exposés dans le cours de l'ouvrage
qui précède, sur la convenance d'admettre la
bourgeoisie dans les places de guerre ; mais
avec un peu de réflexion on verra qu'à côté
des moyens de puissance que la bourgeoisie
procure à la défense, j'ai pourvu aussi aux
besoins de la proposition par le système
d'assiette d'ensemble d'une grande place, dont
la citadelle centrale est le nœud commun, et
dont les forts extérieurs sont les anneaux et
les foyers de la défense pour en épargner les
désastres aux quartiers habités de la place,
ou au moins pour en réduire le sacrifice à
une portion dont les habitans et leur mobilier
seraient évacués sur les quartiers non compromis. Au surplus la question des citadelles
est toute différente de celle des places, et il
n'est pas un militaire qui n'en comprenne
les motifs.

Pour revenir au sujet, la France a le droit
d'exiger que Paris lui donne des garanties

de repos, d'ordre et de stabilité : la bourgeoisie de Paris a besoin d'être protégée contre les entreprises des factieux et des novateurs qui, depuis quarante ans, lui font subir, et à la France aussi, les changemens les plus complets dans ses institutions. Quiconque refuse d'avouer ces besoins, a une arrière-pensée en faveur des révolutions ou en haine du pouvoir. Il faut consolider nos institutions et se confier enfin de bonne foi dans le Gouvernement qui en est l'expression.

Nos perturbations sociales proviennent de ce que nos mœurs nationales sont viciées dans l'éducation même par une transcendance de principes dont l'enivrement jette au besoin ses adeptes dans le despotisme des passions, et dont les conséquences se développent malgré les avis de l'expérience, à chaque génération qui entre dans la Société et dans l'administration.

L'Angleterre a des mœurs nationales réglées sur ses institutions; et le bon sens général du peuple ne va jamais à exiger plus que ce qui lui est permis par les dépositaires de son organisation fondamentale.

En France au contraire, la théorie spéculative des mœurs nationales devance, dans les écoles, et quelquefois sur les places publiques, les débats législatifs de nos institutions, et leur impose des conditions qui ne s'accordent pas toujours avec le principe fondamental de l'ordre social : le respect pour les existences acquises. De là ces perturbations qui proviennent de ce qu'on peut appeler, sans blesser personne, le dévergondage des mœurs nationales.

Quel autre nom pourrait-on donner à des caractères qui se masquent sous les idées généreuses du libéralisme, pour crier à l'absolutisme du Gouvernement, et pour le déconsidérer au profit prétendu des masses, jusqu'à ce que, parvenus à se faire colloquer eux-mêmes dans les nécessités politiques du pouvoir qu'ils ont vaincu ou remplacé, ils apportent presque tous, dans l'administration dont ils se sont emparés, le despotisme qui est le fond de leur caractère. Qu'on parcoure la liste de nos grands apôtres de la liberté depuis quarante ans, et on n'en trouvera pas un sur cinq qui ne soit un despote dans sa famille et un despote dans l'administration qu'il a eue à exploiter. Il y en a eu sans doute aussi dans les autres gouvernemens qui se sont succédé, je suis loin de les absoudre pour noircir les autres. Mais le nombre en a été beaucoup moindre, et on en trouverait probablement la proportion dans la couleur et les principes plus ou moins populaires du pouvoir ; quand je dis populaires, je n'entends pas cette expression dans le sens obligé des formes représentatives, je l'entends dans le sens de la tranquillité, de l'ordre et de la protection publiques, qui seules établissent la confiance et par conséquent la sympathie entre les peuples et le pouvoir, quelle que soit du reste la forme du Gouvernement.

Il est remarquable que toutes les révolutions, ou au moins presque toutes, se font

au profit des classes moyennes, qui ne veulent
pas que les classes inférieures s'élèvent à leur
niveau, et qui veulent rabaisser les classes
supérieures au-dessous d'elles.

Il est remarquable que les ambitieux marchent à la conquête du pouvoir, sous une
bannière dont la devise est une énigme que
les masses adoptent, le plus souvent, sans en
apprécier ou deviner le fond et la portée.
Celle qui, de nos jours, produit un effet ma-
gique sur les masses, est le mot de république,
non pas que la plupart de ceux qui en
inscrivent le nom sur leurs bannières, la
veuillent sincèrement : ceux qui parmi eux
en comprennent la capacité, savent bien
qu'elle est impossible avec les mœurs orgueil-
leuses, égoïstes et railleuses de la nation ;
mais c'est un prétexte qui trouve de la sympathie, parce qu'il exprime un nivellement
des classes de la Société pendant lequel on
espère s'élever. Cependant l'inflexible leçon
de l'expérience démontre que le nivellement
des fortunes, fût-il possible, loin de fournir
et d'augmenter l'aisance des masses, ne fait

au contraire qu'accroître la misère générale,
en tarissant les sources de la création qui est
la seule fortune publique, et spécialement
celle des industriels et des ouvriers. Le prétexte se résout dans une déception, dont le
marasme livre bientôt après la nation au
premier despote qui se donne la mission de
remettre en ordre les rouages de l'ordre social.

Enfin il est remarquable que la popularité
des chefs du mouvement, s'évanouit dans le
mandat qui les commet à l'administration
publique, et c'est qu'en effet ce n'est pas
réellement pour telle ou telle maxime de gouvernement qu'on s'émeut; il faut un prétexte
qu'on puisse avouer, voilà tout; mais dans le
fond, c'est pour satisfaire son égoïsme en
s'imposant aux autres qu'on se lance dans la
carrière des grognards, sans s'avouer que
les révolutions sont un cercle qui tourne sous
les pas de ceux qui le parcourent.

Il n'est donc que trop vrai que les révolutions font le malheur des peuples; que
l'intérêt de tous les Français est de se réunir
de bonne foi et sans arrière-pensée au Gou-

vernement monarchique et national que nous
avons; mais pour cela, il faut lui confier une
puissance matérielle qui domine la Société
en attendant que nos mœurs nationales soient
épurées, par l'éducation, de cet esprit d'é-
goïsme, de passions, et de prétention à l'in-
faillibilité, qui n'appartient même pas toujours
à l'expérience.

L'assiette que je propose pour la place de
Paris, satisferait également à la stabilité de
nos institutions, et à la sûreté du royaume
contre une guerre étrangère si elle était néfaste. On ne peut donc se persuader que la
majorité de la nation française répugnât à
accepter le seul moyen constituant peut-être
qui puisse rendre invulnérables l'existence
et l'indépendance de la Patrie; tout ce qui
s'est passé depuis huit mois justifie les prévisions que j'ai développées dans ma Philosophie de la Fortification et que j'avais émises
à la tribune législative le 6 Juin 1826, et
dont une partie a été publiée dans le *Spectateur Militaire*, du 15 Octobre 1829.

Attendra-t-on de nouveaux bouleversemens ou une invasion pour laisser exécuter le système au profit d'événemens qui auraient encore bouleversé notre existence sociale actuelle? Malheur à nous si nous nous obstinons à rester dans l'impuissance, pour un faux point de susceptibilité nationale !

TABLE

DES MATIÈRES ET CHAPITRES.

LIVRE PREMIER.

RÉFLEXIONS SUR LE SYSTÉME ACTUEL DE LA DÉFENSE DU ROYAUME PAR LES PLACES FORTES.

DES MOYENS PAR LESQUELS LE GOUVERNEMENT POURRAIT NOURRIR ET DÉVELOPPER LA PUISSANCE DES PLACES DE GUERRE.

FIN DE LA TABLE.

ERRATA.

Pages	lignes	au lieu de	lisez
22	4	*des* Vauban	*de* Vauban
22	12	*la*	*sa* physionomie
99	20	de l'*effet* à faire	de l'*effort* à faire
114	6	à tous *besoins*	à tous *momens*
158	4	*en* résultat	*au* résultat
164	5	le *moyeu*	le *noyau*
170	18	*on* ce rayon	*or* ce rayon
171	18	*on* en faisant	*or* en faisant